香港,2014

名人眼中的香港政局

薛龙树/选编

人民出版社

责任编辑：张　立
装帧设计：石笑梦
责任校对：杜凤侠

图书在版编目（CIP）数据

香港，2014：名人眼中的香港政局／薛龙树 选编 .
－北京：人民出版社，2015.12
ISBN 978－7－01－015337－7

I.①香…　II.①薛…　III.①香港－地方史－现代　IV.① K296.58

中国版本图书馆 CIP 数据核字（2015）第 247620 号

本书由中华书局（香港）授权出版，仅限中国大陆地区销售。

香港，2014：名人眼中的香港政局
XIANGGANG,2014:MINGREN YANZHONG DE XIANGGANG ZHENGJU

薛龙树　选编

人民出版社 出版发行
（100706　北京市东城区隆福寺街 99 号）

北京中科印刷有限公司印刷　新华书店经销

2015 年 12 月第 1 版　2015 年 12 月北京第 1 次印刷
开本：700 毫米 × 1000 毫米 1/16　印张：15.75
字数：160 千字　印数：0,001 - 5,000 册

ISBN 978－7－01－015337－7　定价：42.00 元

邮购地址 100706　北京市东城区隆福寺街 99 号
人民东方图书销售中心　电话（010）65250042　65289539

前 言

PREFACE

　　2014，无疑是香港很不平静的一年，围绕政改的争拗沸沸扬扬，"占中"更是影响到香港社会的方方面面，并引起中央政府和国际社会高度关注。"占中"如何收场？香港将走向何方？港人在忧虑，在思考，在讨论。政、商、学各界知名人士纷纷撰文著书，发表意见，理性探讨香港的出路。

　　为了帮助大家回顾一年来香港经历的风风雨雨，也为了启发人们进一步思考香港的当下和未来，我们从各界名人的大量文章中选出一部分，辑为一册，以飨读者。

　　本书所收文章涵盖内容广泛。刘兆佳教授、王于渐教授、陈弘毅教授、雷鼎鸣教授等各领域知名学者，围绕香港政改、普选和民主发展道路所作的学理探讨，条分缕析，说理透彻；董建华先生、李嘉诚先生、曾俊华先生、曾钰成先生、方润华先生、任志刚先生等政商领袖，劝喻学生及年轻人的文字，情真意切，入情入理；郑赤琰教授、何泺生教授、张达明教授等人的文章，是对解决政改和"占中"困局的深度思考和富有建设性的意见；李焯芬教授、关品方教授、施永青先生、林奋强先生等，则对整个政改形势及"后占中"时代的发展进行了深刻的分析。

各文的立场、观点并非完全相同，正反映出香港社会、香港学界观察政局、对"占中"的不同视角。

本书在选编过程中得到了文章作者和相关媒体的大力支持，在此谨表谢意！

编　者

二零一四年十二月

目录

CONTENT

中篇　"占中"—"雨伞运动"："爱"与"和平"去哪儿了？

下篇　"占中"——香港不能承受之重

序篇

玛雅专访刘兆佳教授

　　我一向主张从香港的独特性思考香港的政治现象，包括香港的民主发展。认识香港的民主发展不但要着眼现实，还要从历史的角度出发，分析香港所处的国际国内环境、中国和英国的关系、香港的历史背景和香港内部政治势力的对比。这样才能比较清楚地辨析香港的民主化道路，认识它的独特性；也才能了解，为什么西方民主政治理论不能解释香港的民主化现象，其他社会的民主发展经验也不能生搬硬套于香港。

　　不论"占中"最终结果如何，香港的民主化进程远未完结，与其相关的政治冲突会延续不断。对于追求民主政治的人来说，维持理性、耐心和包容共济的精神十分重要。

　　香港回归中国后，与西方世界的关系必然出现重大变化。而且西方很难再成为推动香港经济发展的动力，因为西方自身难保、自顾不暇。香港未来的发展离不开中央的对港政策，离不开香港和内地的良好关系，因此，香港人必须要与中央政府合作，与内地同胞和睦相处。在这个基础上去思考香港未来往哪走、走一条什么样的民主路？

　　　　　　　　　　——香港中文大学荣休讲座教授　刘兆佳

香港"占中"行动全景观察与深层剖析

——玛雅专访刘兆佳教授 *

政改纷争的本质是管治权之争

玛雅：香港政改纷争发展为非法"占中"行动，严重损害了香港的社会、经济和民生，引起国内外密切关注。在内地民众看来，香港人放着好日子不过，瞎折腾什么？但是不难想见，"占中"背后的原因颇为复杂。你在新著《香港的独特民主路》中分析，过去三十多年香港走了一条独特的民主化道路。从香港民主发展的角度来看，怎样认识这场政治风波？

刘兆佳：我一向主张从香港的独特性思考香港的政治现象，包括香港的民主发展。认识香港的民主发展不但要着眼现实，还要从历史的角度出发，分析香港所处的国际国内环

---

* 刘兆佳，香港中文大学社会学荣休讲座教授。
　玛雅，电视台出版中心主笔。

境、中国和英国的关系、香港的历史背景和香港内部政治势力的对比。这样才能比较清楚地辨析香港的民主化道路，认识它的独特性；也才能了解，为什么西方民主政治理论不能解释香港的民主化现象，其他社会的民主发展经验也不能生搬硬套于香港。

玛雅：香港回归前在英国统治下一个半世纪，与西方世界紧密接轨，成为一个高度自由化、法治化、商业化的社会，可以说是一个"西方的"华人社会。为什么香港没有走上西式民主道路，而走了一条独特的路？

刘兆佳：纵观香港数十年的民主化道路，其民主发展来源于一些独特的因素和动力，是在一个特殊的国际环境中发生的，拥有它独一无二的变化规律，所以呈现具有本身特色的民主形态与运作模式。

香港的民主进程始于上世纪 80 年代初，起因是香港前途问题的出现。当时中英两国政府就香港在 1997 年后的政治安排展开谈判，香港将面对从英国殖民地到中国特别行政区的政治身份巨变，以及由此而来的政治、社会和心理变迁。在此之前，英国人在香港一方面实施开明的怀柔管治，包括尊重法治、人权和自由，保护私有产权，有限职能政府，自由市场和公平竞争等；另一方面将政治权力牢牢掌握在殖民政府手中。在回归问题出现前，英国人因为没有"撤退"的需要，从未在香港启动民主化计划，反而尽可能隐瞒真相。在这样的环境中，不论是出于反对殖民主义或是为了争取政治权力，香港都没有出现过强大的民主运动。在香港，政治学关于经济发展促进民主发展的理论完全不适用，民主化没有伴随自由化而发生。

上世纪 80 年代初，香港前途问题乍现，香港的民主化进程也随之启动。但由于缺乏强大的政治组织和公民团体来推动民主，香港人虽然民主诉求上升，香港的民主进程却只能由中英两国来主导。英国人为了稳定香港人对殖民政府的支持，从而实现"光荣撤退"，在回归前十几年加大了怀柔管治的开明度，包括开启所谓民主改革。中国政府认为，香港在结束殖民统治、回归祖国后，能有一个民主程度更高的政治体制，将是香港人和内地同胞乐见的事，同时也彰显香港人作为中华人民共和国公民新的政治权利和当家做主的地位。但另一方面，民主化只能配合和促进一国两制下香港政治、社会、民生等各方面的发展，有利于香港与内地的融洽相处，特别是要建构良好的中央与特区的关系。显然，中国政府的这个目标是英国人不能认同和接受的，中英双方对香港民主化的内涵、目标、规模和速度有着严重且不可弥合的分歧。

在香港人中，基于对中国共产党和"九七"回归的恐惧和忧虑，无论是反对派还是建制派，都把注意力集中在如何从两国政府手中夺取政治权力上。在声称为香港争取最大的"高度自治权"的同时，两派势力之间展开了权力争夺。

玛雅：争夺对香港的执政权？

刘兆佳：是。他们的权力争夺以及与中英政府复杂的政治互动，在相当程度上影响了香港的民主化过程。这个过程迄今尚未完结，还在跌宕起伏中持续，不断造成社会的分化和内耗，损害香港的稳定与发展。

玛雅：由此观之，眼前发生的"占中"行动是一次权力角逐，是管治权之争？

刘兆佳：直观地看，这场政治风波，是各方政治势力就2017年行政长官普选办法展开的激烈政治较量。背后的问题，关涉香港未来民主发展的路向选择、香港的长治久安和长远发展，以及一国两制下国家和香港的政治、经济利益。

玛雅：用内地的话说，是方向道路问题。

刘兆佳：香港学界很多人，尤其年轻一辈，早已服膺西方民主政治。他们想在香港建立西方民主政体，实行一人一票选举、政党轮替执政。他们甚至希望，香港的西式民主实践能够拉动中国的民主发展，使香港成为中国走向和平演变的桥头堡。即便西方民主最终不能在香港植根，也至少可以让香港发展为独立政治实体，达到完全自治，在一国两制下发挥"民主抗共"的作用。

这样的立场是中央和香港的建制势力坚决反对的。中央和建制派基本上从落实一国两制，维护国家主权、安全和发展利益的角度来看香港的民主改革，强调要服从大局，民主政治只是贯彻一国两制方针和达致其目标的手段。即便作为目标，民主化发展也不能凌驾于其他重要目标之上，不能损害香港的繁荣稳定，破坏中央和特区的关系。尤其重要的是，香港不能蜕变为"反共基地"或"颠覆基地"，让境外反华势力有机可乘。以此之故，香港特区政权绝不能落入与中央对抗的人手中。

玛雅：这对反对派来说是不可接受的。既然他们想要香港成为独立政治实体，就一定要将中央政府置于特区门外，以免干预香港事务，那香港的管治权就必须由他们来执掌。

刘兆佳：反对派中有些人相信，香港回归并实行"港人治港""高度自治"是香港推行民主政治一个难得的机会。在这种急迫感的驱使下，这些人在接受香港回归的同时，要求中国政府承诺在香港实行全面民主。在他们"民主回归"大旗背后，当然是想成为回归后香港管治者的"雄心"，希望"九七"能为他们带来执掌政权的机会。

反对派民主改革的立场甚为具体，争取的决心也很大。但是在推动民主化和香港的经济社会改革上，他们的主张却颇为空泛和模糊。毕竟，对他们来说，没有什么事比夺取管治权更重要；唯有权力在手，其他政治、社会和经济目标才可能实现。为此，他们视中央政府为对手，集中力量向其施压，同时与建制派争夺权力，形成尖锐对立。

基本立场南辕北辙，使香港不同的政治势力难以在共同接受的政治框架中共存，香港社会各界在回归后没有形成一个

"政治命运共同体"，以致政治冲突连续不断。各方争斗不休的一个后果，是一套颇为复杂和臃肿的行政长官和立法会的产生办法。在这种恶劣、紧张的政治环境中，不但特区的管治效能被削弱，稳定和发展受损，香港的民主化道路也崎岖不平、前景不明。

玛雅："占中"行动失控，使得香港的民主之路雪上加霜，这对香港长远的民主发展意味着什么？

刘兆佳：不论"占中"最终结果如何，香港的民主化进程远未完结，与其相关的政治冲突会延续不断。这意味着，香港在其独特的历史和现实条件下，探求民主的道路注定是艰辛和曲折的，而其"终点"也是模糊不清的。因此，对于追求民主政治的人来说，维持理性、耐心和包容共济的精神十分重要。事实上，香港政治的未来，必须通过中央与香港人的共同探讨，来找寻在一国两制下对国家和香港都有利的民主发展路向，找到一种切合香港实际的民主改革方案。这种探索过程将是漫长的，甚至是相当痛苦的，最后结局未必对所有人都是最理想的，但却对减少分歧和摩擦，以至香港的长治久安和长远发展有正面意义。

一国两制在香港基本成功

玛雅：有观点认为，香港在回归17年后出现政治动荡，表明一国两制的实施不成功。你有何评价？

刘兆佳：我认为，一国两制基本成功。一国两制方针是中国政府在上世纪 80 年代初提出的，原本是用来处理台湾问题。由于香港回归问题出现，就把这个构思稍加改变，用于香港。当时中国要在 1997 年收回香港，这与中华民族的荣辱息息相关。按照 1898 年中英《展拓香港界址专条》，到 1997 年 6 月 30 日，英国对新界为期 99 年的租约到期，就要把新界交还中国。而交还新界，就意味着交还整个香港，因为离开了新界，香港和九龙也难以为继。中国政府认为，1997 年是合适的时机。那个时候不收回香港，往后恐怕更困难。如果不能收回香港，照邓小平的说法，他就成了"李鸿章第二"，无法向中国人民交代。所以，中国决定收回香港。

但是怎么处理香港问题？中国提出了一国两制方针，以期和平地与英国解决这个历史遗留的重大问题。当时来看，要达到几个目的：首先，要让中国恢复在香港行使主权后能够保持香港人的信心，尤其是投资者对香港前途的信心。中国政府深知香港的资本家和专业精英对共产党和"九七"回归的恐惧，为此，作出"保持香港原有的制度和生活方式不变"的承诺至为重要。同时，要维护香港长远的繁荣稳定，保持国际社会对香港的信心，使香港在回归后能够继续发挥对国家经济发展的积极作用，以及通过一国两制在香港的成功实施，发挥推动台湾与大陆统一的战略效用。

玛雅：也就是说，一国两制是从现实出发，理性作出的符合国家和香港利益的战略选择。

刘兆佳：一国两制方针的首要目的，就是要同时照顾并促进国家和香港的利益。上世纪 80 年代初，中国正处于国家发展战略重大转变之时，从阶级斗争转向改革开放，推动现代化发展。在这个历史时刻，香港回归问题出现，国家和香港之间产生重大的利益重叠。新中国成立以来，在"长期打算，充分利用"的国策下，香港对国家发展作出过巨大贡献。冷战时期，在西方围堵封锁的情况下，中国利用香港独特的地位，还能保持一定的外交和经济的主动性。中苏交恶之后，香港成为中国和西方接触的一个桥梁。进入改革开放时期，中国政府认为，香港能够在新时期为国家的发展继续发挥价值。特别是经济价值，利用它独有的各种优势——自由市场经济体系，高度现代化和与国际接轨的各行各业，作为世界贸易、服务、金融、资讯中心的地位，等等，为国家经济发展发挥关键作用。

本质上，一国两制方针是"长期打算，充分利用"政策的延续，是为在香港回归后使国家发展与香港发展能够有机融合。所以，一国两制是中国共产党和香港人在这一关键历史时刻"共同利益"的基础上形成的，是基于彼此的实际需要而制定的，因此是"互利共赢"的安排。一国两制让香港得以保持繁荣稳定，而一个繁荣稳定的香港有利于中国的现代化发展，也会让共产党得以通过国家经济发展和人民生活水准的提高来提升管治权威，巩固执政地位。既然一国两制方针是建筑在重大实际利益和长期利益的坚固基础之上，则其生命力和持续力无可置疑。

玛雅：从实施情况来看，一国两制是否达到了预期目标？

刘兆佳：整体来说，一国两制是一个对各方——中国政府和内地同胞、大部分香港人、西方国家以及国际社会，都比较合适的安排。中国恢复了对香港行使主权，同时保留了一个对国家发展有价值的特区。香港得以保持繁荣稳定，在新时期继续为国家现代化事业发挥作用。

一国两制也保持了国际社会对香港的信心，满足了西方人，特别是英国人的需要，使他们能够体面地从香港撤退。同时英国和其他西方国家在香港的利益也得到了照顾。美国国会在 1992 年通过了《美国香港政策法》（*US Hong Kong Policy Act*）。这表明，美国接受香港回归中国这一现实，愿意继续支持香港。

最后一条涉及台湾问题，我反而觉得不是那么重要。

玛雅：为什么？一国两制最初是为解决台湾问题设计的，如果在香港成功，不是可以起到示范作用？

刘兆佳：台湾在上世纪 90 年代建立了西方民主体制，在政治发展方面比香港走得快得多。无论香港在一国两制下如何成功，都不会对台湾有太大的示范作用，不会增强台湾人对实现统一的愿望。反而它的重要性在哪呢？一国两制在香港成功，可以让西方以及国际社会看到，中国政府有诚意、有能力履行国际协议。香港回归后能保持繁荣稳定，西方对台湾的将来就会增加一份信心，减少支持台湾独立的动机。西方原来就不想因为台湾独立跟中国过不去，既然中国提出一国两制来实现两岸统一，既然一国两制在香港成功，西方对台湾不论是政治责任还是道义责任都会有所下降。这在某种程度上，就减少了西方介入中国统一进程的可能性。

玛雅：香港人对一国两制的实施情况评价如何？

刘兆佳：香港人大体上持正面评价，当然不是所有人。到目前为止，虽然香港人对一国两制的信心和对中央政府的信任时高时低、起伏不定，总体来说，还没有哪一股力量想要放弃一国两制，或者说认为还有更好的对香港前途的安排。有极少数人提出所谓本土主义或"港独"意识，但只是一种情绪宣泄，而不是针对现实的政治纲领，在社会上也没有得到共鸣。

回归之前，很多香港人惶惶不可终日，担心香港原有的"好东西"——自由、人权、法治等会失去，几十万人移民走了。回归后，香港人惊喜地发现，不但香港原有的制度和生活方式保留了下来，而且繁荣稳定超乎想象。很多外国人来香港，也觉得回归后发展不错，与他们国家相比并不逊色。但是慢慢的，香港社会出现了一些新问题，令很多香港人产生不满。这种局面的出现恰恰说明，香港人已大体上认可一国两制，回归前最大的担忧已不存在，所以开始有新的期许。现在人们关注的是新问题，比如国际竞争力、特区政府的管治能力、贫富悬殊等。这些问题在回归前根本顾不上多想，也不是重点。

总体来说，虽然碰到不少问题，一国两制基本是成功的。它是适合香港的一种安排，也是适合国家的一种安排。到目前为止，还没有看到其他更好的安排，能够取代一国两制。

玛雅：有分析认为，香港政治风波表明，"爱国爱港"理念没有被香港人接受，国家认同没有树立。香港回归，中英两国政府签署一个协议，就在1997年实现了。但由于长期在英国统治下，香港与内地社会制度不同，香港人与内地人社会文化交往甚少，没有相互理解、尊重和包容的感情基础。在这种形同路人的情况下履行一个两国间的政治协议，香港虽然回归了，人心却没有回归。现在出现问题，意味着需要回过头去构建思想基础，这是非常困难的，因为身份认同和观念的转变远比一个政治安排的落实困难得多。

刘兆佳：假如是这样的话，它所带来的问题，应该在回归后马上出现，而不是十六七年后才出现。根据香港的民意调查，回归以后，即使经历了亚洲金融风暴，很多人，特别是中等阶层，承受了资产大幅贬值的痛苦，又遭遇了"非典"冲击，香港人对一国两制都没有动摇。2003年发生《基本法》23条立法风波，几十万人上街，但事件平息后，中央政府推出一系列优惠香港政策——CEPA（《内地与香港关于建立更紧密经贸关系的安排》)、内地旅客赴港"自由行"、内地企业来香港投资或上市,以及人民币业务的开拓等,帮助香港渡过经济难关。这反而让香港人更加感到一国两制对香港的重要,对中央的信任度有所提升。假如还是在英国统治下,中国政府会不会这么积极帮助香港恐怕也有疑问。

香港现在的问题是最近两年出现的,需要具体分析,究竟是什么原因导致中央政府和部分港人——不是全部港人,多了一些矛盾。你说的情况的确存在,中国改革开放前,大部分香港人跟内地同胞处于一种隔绝状态,彼此在社会、文化、制度、价值观上形成了分歧。这个分歧现在还在困扰着香港人跟内地同胞之间的关系。再加上发展水平不同,物质条件不同,生活方式不同,这种隔膜不是短时期内可以化解的。但话说回来,一国两制正是针对这种差异的情况提出的,就是要让香港保留原有的制度、价值观和生活方式,让香港人可以放心回归。所以,尽管在回归之后经历了不少挫折,也有对中央不满的情况出现,但总体来说,香港人对一国两制的信心没有动摇。

中国崛起改变了香港人的心理预期

玛雅:那么你认为,是什么原因造成一部分香港人的不满情绪,让反对派可以呼风唤雨,有这么大的煽动力?

刘兆佳：首先我要说，第一，还没有太多香港人说一国两制对香港不好，还认为这是一个最好的安排。第二，现在出现问题，不是因为一国两制本身，而是发生了一些变化，使部分香港人对香港的未来多了一份忧虑。这方面的大前提是，因为中国崛起太快，对香港的影响力越来越大，一些港人害怕自己原有的"好东西"保不住，会逐步消失。

一路以来香港人有一种看法，就是在一国两制下，内地长期依靠香港，香港源源不断向内地输出各种各样的影响力，经济上的、金融上的、价值观和制度上的。的确这种看法也不完全错误，香港有不少法律、制度可以让内地一些城市参考，来改善它们的法律和制度环境。

玛雅：尤其是广东地区。近水楼台先得月，深圳魔幻般崛起，无疑得益于它特殊的地理优势。

刘兆佳：香港一些城市管理经验或民间团体参与公共服务的经验，都可供内地参考。香港现在仍然是重要的内地吸收外资的地方。香港金融机构对内地的金融改革，特别是作为人民币国际化的一个基地，还在继续发挥影响力。

但问题是，回归以后，中国崛起太快了，中国作为经济体相对于香港越来越大。越来越多的内地企业到香港投资，现在香港股票市场超过一半的市值来自内地企业。内地人才来香港工作越来越多，内地学生来香港念书越来越多，内地游客来香港旅游购物越来越多。在这种情况下，香港人原来的心理预期改变了，一部分人开始感到忧虑。

以前香港人的心理预期是，香港单向对内地的影响和内地单向对香港的依赖，以及这种想法连带出来的优越感。现在随着中国崛起，香港对内地经济依赖越来越多，内地同胞来香港就业、念书、旅游购物越来越多，香港人跟内地同胞接触也越来越多。本来大家的社会背景和价值观不同，产生碰撞是难免的，香港人对这种情况并不担忧，觉得香港比内地优越，不怕跟内地接触，更不怕竞争。

但是经过一段时间，香港人开始忧虑，觉得自己的制度、价值观和生活方式可能不保。与内地往来越来越密切，内地不好的东西会不会传到香港来？比如贪污腐化、不按程序办事、经济垄断，以及一些不文明的行为。还有，内地人才来香港发展，不可避免挤压了一些香港人的发展空间。比如我们中文大学，本地学生面对内地优秀生的竞争，越来越多的奖学金或者是出去交流、进修的机会让内地学生拿走了。

对于国家崛起，香港人喜忧参半。一方面产生了民族自豪感，一些过去有成见的人对中央政府的信任度不断提高。但同时也产生了一种忧虑，越来越怕来自内地的竞争，怕失去自己原有的优势，所以对自己的信心有所下降，同时对中央政府和内地同胞产生了一种抵触情绪。

玛雅：香港人出现这种失落感，是因为觉得自己作为香港人的身份认同受到了影响？

刘兆佳：这是更重要的一点，就是怕失去香港人的身份认同，这关系到什么是香港人的问题。一路以来，香港人都认为自己是一种独特的中国人。独特在哪呢？根据我的研究，就是对内地同胞有一种很简单、同一、典型化的看法，觉得内地同胞差不多都一样。见到一个内地同胞的典型，一个心态就是把这个典型跟香港人的典型进行比较，来建立香港人独特的身份认同。在这个过程中就夸大了香港人优越的方面，也夸大了内地同胞落后的方面。比如说，内地同胞没有拼搏精神，我们有拼搏精神；内地同胞过分依靠政府，我们讲个人奋斗；内地同胞没有法治，我们有法治；内地同胞没有自由，我们有自由；内地同胞没有公德心，我们有公德心……

这种对比的问题在哪呢？就是认为香港人之所以是香港人，是因为我们具备了一系列现代社会的特征，而这些很多来源于西方。所以，香港人一方面跟内地同胞比，把自己当成另类的特别优秀的中国人。同时跟西方人比，用西方标准来建构自己的社会认同。香港人没有办法把自己跟西方人分开，因为相比西方人他没有独特性。没有独特性他无所谓，觉得被当成西方人更好，这突出了他相对于内地同胞的所谓自豪感。

玛雅：香港人在英国统治下一个半世纪，难免被"同化"。

刘兆佳：香港人的西方身份认同跟殖民统治是联在一起的。英国人对香港的管治一路以来都是怀柔政策，这使得香港和其他殖民地非常不同。英国人想在这个荒岛上建立一个商埠，需要各方面的人来这里开发。所以使用比较文明的怀柔管治，通过法律手段建构一个稳定的投资发展环境，吸引人来香港做生意、做劳工，特别是内地中国人。

英国人也不担心香港独立，因为跑来香港的人都是为了发家致富，不是推翻殖民统治。有些人是来逃避内战或政治动乱，或者逃避政治迫害。这些人不愿意任何一个中国政府来统治香港，无论是满清政府、国民党政府，还是共产党政府。可以说，在一个半世纪的殖民管治中，英国人其实得到了来自中国政府，特别是共产党政府的"政治补贴"，很容易实行怀柔统治。所以，虽然是殖民地，没有民主政体，香港所拥有的自由、人权、法治和善治，相比西方国家绝不逊色。

玛雅：1997年我在美国留学。香港回归那天，有位教授对我说，"香港回归中国，殖民统治结束了，你一定感到非常自豪。"我当时不知道，对于香港人来说，结束殖民统治并不是一件自豪的事。

刘兆佳：从香港人的角度来看，殖民统治不是一件难受的事。他不是因为中国不行才被迫接受殖民统治，他是自愿接受殖民统治。香港人知道，中国要收回香港很容易，特别是中华人民共和国政府。之所以不收回，是因为保留香港为殖民地对中国有好处，所以他不觉得继续成为殖民地是一件丢脸的事。加之在英国统治下，香港作为一个国际商埠，吸收了很多来自西方的思想，香港人觉得殖民统治是西方向香港传送价值观的一个纽带。所以殖民政府在香港的认受性很大，是香港人习以为常、安身立命的一种统治。这也是香港人抗拒回归的原因，觉得殖民统治是好事，换一种统治还有不确定性。之所以香港人感到比内地人优越，这也是一个原因。

从内地人来看，特别是近十几年爱国主义、民族主义情绪上升，对香港人缅怀殖民统治的心态很不以为然。这也是两地同胞，尤其年轻人，产生矛盾的一个原因。所以我认为，香港现在出现问题，主要是部分港人多了一些担忧，怕原来的"好东西"保不住，而原来的"好东西"又跟殖民统治有关。为什么有些人回归后很多年没有提港英政府，最近两三年却突然缅怀殖民统治，有些年轻人还把港英时期的旗子拿出来挥舞一番？为什么有些人产生了所谓本土主义，甚至"港独"意识？我想，一定程度上也是害怕失去原有的东西，失去他赖以感到自豪的身份认同。

玛雅：近几年香港人与内地游客多次发生摩擦，是不是与这种既优越又失落的心态有关系？

刘兆佳：有关系。在这种心态下，一部分香港人对内地同胞产生了抵触情绪。在大家面对面接触时，这种抵触情绪演化为人与人之间的冲突，一些小事情都可能爆发言语间的伤害。甚至容许西方人做的事情，比如一些不文明的行为，他不容许内地同胞做，采取一种比较严苛的态度。而且在这种情况下，就很容易把对内地同胞的抵触情绪转向中央政府。

实际上，中国国力越来越强，在国际上影响力越来越大，使香港人产生了一种自豪感。但同时，有些港人，特别是年轻一辈就觉得，既然中国国力已经发展到这个地步，就更不能容忍内地出现违反法治、人权的事。内地在发展过程中出现的一些问题，贪污腐化、贫富悬殊、区域发展不平衡等，香港人看到也不高兴。这些问题经过媒体广泛报导，引起一些港人尤其是年轻人对中央和内地的负面情绪，在相当程度上抵消了中国崛起带来的对国家的向心力。

玛雅：香港人对内地不满的一个原因是，回归后，内地一些贪腐现象侵入香港，破坏了法治和廉政。十八大以来，中共加强廉政建设，反腐力度之大前所未有，这对香港人改变对中央的看法应该有积极作用。

刘兆佳：这肯定。一些"大老虎"被抓，对香港人改变对中央的看法有正面作用。更重要的是，如果香港人到内地工作、跟内地做生意，越来越能按明文规定办事，而不需要潜规则，肯定对改善香港人跟中央的关系有好处，对改善香港人跟内地同胞的关系有好处。

国民教育的目标是"不要跟中央对抗"

玛雅：此次风波，经济原因占多大成分？众多普通市民和青年学生上街，但是真正追求民主的人并不占多数。1992 年克林顿和老布什竞选美国总统时，克林顿阵营打出一个口号：
"It's the economy，stupid！"我最近在网上也看到这句话，说
香港问题"是经济，蠢货！"

刘兆佳：其实从经济来看，回归这些年来在中央的"惠港"
政策下，在香港与内地经济紧密联系下，香港的发展是不错
的。假如你回归前在香港居住，现在的繁荣超乎当时想象。香
港过去5年平均增长3%—4%，相对于西方发达国家是高的。
而且就业情况理想，几乎全民就业。当然，香港人对经济情况
肯定也有不满。第一是贫富悬殊，第二房价太高，第三年轻人
就业和发展机会不比从前，第四就是在中国崛起的情况下，香
港的国际竞争力下降，特别是新的经济增长动力不足。

玛雅：一方面"惠港"政策和两地合作带来香港经济发展，
一方面贫富悬殊加剧引发不满情绪，这是否意味着，回归给香
港带来的红利没有被普通民众共享？

刘兆佳：这的确是个问题。中央2003年后的各种"惠港"
措施产生了不错的效果，促进了两地之间、香港人与中央之间
的良性互动，不过随着时间推移，这些效果正在逐步减退。此
外，两地经济合作带来的好处没有能够在不同的社会群体中平
均分配，而是集中在一些既得利益者——商界、金融界、旅游
和高端服务提供者的手上。部分香港人感到自己的日常生活和
居住环境受到破坏，原来相对于内地的"优越感"受挫，对中
央政府和内地同胞的怨气也油然而生。

但是据我看，经济层面的不满并不是抗争行动的主要原因，抗争行动的核心不是经济目标，是政治目标。你很少看到什么行动是针对大财团，或者针对贫富悬殊，主要是针对特区政府的一些政策和处理问题的手法，比如国民教育。2003年之前，"七一"游行很少人参加，就几千人。只是2003年反对23条立法，再加上对特区政府管治的不满，才引发大规模游行。这两年游行参加人数有所增加，而且年轻人比较多，主要还是针对一些政治问题。年轻人受西方政治理念影响更大，对香港殖民地的过去往往从正面看，因为他的成长过程是在英国人怀柔统治达到高峰的时期。年轻人也有向往民主的一面，不满意政府被大资本家控制。经济上，楼价太高他们买不起，也产生了怨气。所以他们渴望通过争取民主来改变社会经济状况，认为改变选举办法是一条出路。当然这是不切实际的想法。

玛雅：有观点认为，香港回归后有一个必要的工作没做，就是去殖民化教育。而且只讲"两制"，不讲"一国"，造成香港人"我行我素"，对国家缺乏认同感。你怎么看？

刘兆佳：坦白说，无论是西方价值观，还是反共意识，在香港教育界都十分明显，很多老师、教授都有这种心态。但另一方面，从一国两制的构思来说，就没有一个明确的教育方面的要求。没有说要改变香港人对共产党的态度和对中华民族的态度，或是放弃他们原来的政治观点。基本是说，你只要不搞颠覆内地政权的活动、不做危害国家利益的事情就可以。回归以来，在中央长时间"不干预"的情况下，香港的反对派得到了广阔的政治空间，把他们那套观念通过学校和媒体向香港人，特别是年轻人，进行宣传，造成一部分港人对国家和中央政府的负面看法越来越多。

问题是，在香港推动国民教育，要说服香港人也不容易。从他的角度来说，你允许我保持原来的政治立场。即使改变也不是通过教育，而是通过经济、社会发展。中国强大了，香港人对共产党和中央政府的态度自然会越来越正面。这方面的确有效应。中国经济发展了，香港对内地经济上的依靠越来越多，这让香港人改变了原来跟中央对抗的立场，知道对抗中央对自己不利。但是香港人还没有到主动、积极照顾国家利益的地步，只是从愿意对抗到不愿意对抗。

搞国民教育，目标应该放在哪？假如是使香港人改变对共产党的态度，恐怕在短时期内很难做到，毕竟很多人在政治立场上跟共产党差距很大。通过学校教育，你找不到老师跟你配合，还会引起香港人的反感。他会觉得，为什么突然我要爱国，我要考虑国家的利益？一国两制没有这个要求啊。而且他会把国民教育当成是爱国教育，爱国教育又等于是爱党教育。这种情况下，你要在这方面推动，要香港人支持共产党、支持中央政府，短时期内没有这个政治条件。

玛雅：比较切合实际的目标是什么呢？

刘兆佳：我觉得有两个。第一，不要跟中央对抗，对抗对香港没好处。特别是两地经济关系越来越密切，跟中央对抗对香港经济发展没好处。要有一些国情教育，让香港人认识到，香港和内地都需要发展，香港的发展机会跟内地的发展关系十分密切。要让香港人多了解一些国家的情况，问题在哪里，在发展过程中面对什么困难，在国际上又遇到什么挑战。而且要让他们知道，这和香港日后的发展有实际联系。

第二是增强历史教育。要让学生多了解一点中国古代历史，这可以产生民族向心力。而且也不会触动一些老师的神经，以为要把他变成共产党的宣传工具。

总之需要一步步走，不要以马上就使香港人拥护共产党为目的。要用事实加深香港人对国家发展的了解，让他们更加意识到自己是中华民族一分子，减少跟中央对抗的意愿。坦白说，在13亿人口中，有几百万人不太爱国也没什么关系。由于香港殖民地的历史，又是一个国际商埠，香港人的国家观念和民族观念淡薄，这也是很自然的事。重要的是，你要让他知道跟中央政府对抗无益。能做到这一点，已经是很大的成绩了。

玛雅：要对他晓之以理。

刘兆佳：晓之以理，某种程度上也动之以情。的确回归以来，中央给香港的支持不少，所以才有香港人的民族自豪感上升，跟中央对抗的意愿下降。现在最大的问题是，年轻人在学校、在社会上，特别是从媒体上，得到反对中央、丑化内地的资讯还是不少。怎么把这种情况改变过来，应该说是一个长期的政治斗争，需要用一些比较务实和有效的方法去逐步改变。

在我看来，由于西方目前所遇到的困难，不少国家在走下坡路，以及西方在很多事情上双重标准，西方价值观在香港人当中的影响力已经没有以前那么大。中国和其他新兴国家的兴起，也迫使香港知识界重新思考，究竟香港将来往哪走？哪个发展模式才是最有利于香港的？香港怎么处理与中央和内地的关系？所有这些问题，其实通过政改争论，也把一些根本性的问题带出来了，让大家重新去思考。

西式民主不是香港的明智选择

玛雅：反对派既然把西式民主视为香港政治的未来，就应该"遵守游戏规则"。以破坏法治的"占中"行动向中央施压、逼迫梁振英下台，以损害香港的社会、经济和民生为代价，来达到极少数人的政治目的，这不是民主，是亵渎民主。据一些已经退出"占中"的学生说，很多学生示威者是被硬拉进去的，并没有所谓"民主诉求"。这让人不能不质疑：假如反对派得到特区的管治权，香港真的会有他们想要的西式民主吗？即便有，西式民主真的有利于香港的长治久安吗？

刘兆佳：不少香港人认为，在原有的法治、自由、人权、廉政和善治的基础上，民主政治能让香港与西方世界完全接轨，至于如此一来，会对香港和国家带来什么负面影响，则不在他们考虑之列。特别是反对派和有"本土""港独"意识的人，认为只有中国结束"一党专政"，变成西方式民主国家，香港的前途才有保障。香港如果能在中国的民主化进程中起到先锋作用，这不但是香港的光荣，也是香港人的"历史使命"。我认为，这是背离现实政治发展的幼稚观点。

苏联和东欧国家的教训表明：结束"一党专政"不可能是一个一帆风顺的过程，必然经历艰辛痛苦，国家和人民付出沉重代价，能否"成功"也未可知。城门失火，殃及池鱼。中国一旦出现政局动荡，香港能否经受得起没有人能说得准，但香港人珍而重之的繁荣稳定必将告吹。

退一步说，就算中国变成一个西方式民主国家，姑且不论是否真的对中华民族有利，这个"民主国家"的政府能否取得全国人民同意，给予香港人特殊优厚的待遇呢？事实上，在一国两制下香港人作为中国公民所得到的权力和利益远比内地同胞多，但要承担的责任和义务却少得多。况且，中国国内发展不平衡的状况不是短期内可以改变的，在"民选"的中国政府不能不制定财富"再分配"和"平等化"的政策下，香港人能否保有自身的利益也是未知数。因此，从任何角度来看，只有中国共产党的一国两制方针才能为香港带来清晰的未来和广阔的发展前景。漠视共产党和香港的"共同利益"，意图改变中共在中国执政的现实只能是"搬石头砸自己脚"。

从香港的根本利益和最大利益出发，一国两制的成功落实至关重要，关系香港的存亡续绝。任何试图以香港在一国两制下所享有的自由、权利和特殊条件来改变内地体制和共产党在中国执政地位的行为，只会贻害香港，是置广大香港人的利益和命运于不顾。事实上，中国政府早已发出严正警告，对来自香港的威胁不会置之不理，必然采取果断措施保护共产党政权和国家利益。早在回归前多年邓小平就说过，"特别行政区是不是也会发生危害国家根本利益的事情呢？难道就不会出现吗？那个时候，北京过问不过问？……有些事情，比如1997年后香港有人骂中国共产党，骂中国，我们还是允许他骂，但是如果变成行动，要把香港变成一个在'民主'的幌子下反对大陆的基地，怎么办？那就非干预不行。"

玛雅：很多人认为，"占中"行动的实质，是极少数香港人依托西方势力、以政改为借口煽动民众闹事，挑战中国政府，反对共产党。他们意图搞乱香港，以搞乱香港来搞乱中国，遏制中国崛起。据报导，美国一些智库和非政府组织与"占中"不无干系。香港立法会已发起动议，对"占中"的幕后策划和资金来源展开调查。你对这个问题如何分析？

刘兆佳：香港回归时，西方人和香港的反对派一样，把民主化和政制改革作为一国两制的主要目标，并把这一目标的实现作为检验一国两制成败的试金石。他们坚持香港走西方民主道路，希望香港保持繁荣稳定，对内地产生政治、经济影响，推动中国走向和平演变。

　　现在不一样了，西方人越来越把香港当成中国的一部分，不像以前当成西方世界的一部分。对香港的动机恐怕也会转变，在遏制中国的意图下，是不是有意让香港成为中国的麻烦制造者？起码是叽哩哇啦。最近的政改方案，美国人、英国人、日本人都出来发声，给予香港反对派道义上的支持。这代表什么？是不是在他们的对华政策中，香港的角色有变？是不是在他们和中国的大国博弈中，香港不需要再是稳定制造者，而是麻烦制造者？

　　玛雅：西方人把香港当成一颗棋子，由他们来操控，与中国博弈。

　　刘兆佳：从遏制中国这整个一盘棋来说，大棋子有大棋子的作用，小棋子有小棋子的作用。在这方面，西方人也不是什么阴谋，他是阳谋。香港回归时，西方人说得很清楚，香港作为一个资本主义社会，会对内地产生不可忽视的影响，逐步把中国跟西方拉近，使中国效仿西方发展模式，成为西方的追随者或附庸国。

　　问题是，这么多年过去，中国没有走亲西方的路，中国崛起反而对西方模式构成挑战。我最近看了很多分析中美关系的书，美国的主流看法是，中国不会走西方的路。一个崛起的中国在国际上影响力越来越大，更加维护自己的利益，意图改变现行国际秩序，挑战美国霸权。特别是东海、南海争端，中国想把美国从西太平洋赶出去。在这种情况下，美国重返亚洲，建构美日军事同盟，恢复和一些东南亚国家的军事合作，建立TPP……这些在中国人看来，肯定是要遏制中国。所以整个来看，香港在西方对华政策中是什么角色？西方对香港究竟是什么盘算？值得留意和思考。

当然，西方不会图谋香港独立，也不会指望反对派成为香港特首，因为没这个可能。但西方目的何在？是不是让香港产生不稳定因素，给国家带来麻烦，削弱中国国力？同时使香港失去对台湾的示范作用，拖慢中国统一的进程？又或是，香港作为国际金融中心，在中国金融改革、人民币国际化过程中，成为威胁中国金融安全的地方？

玛雅：这使得香港局势更加复杂，更具变量，给中央政府解决香港问题增加了难度。

刘兆佳：中央把目前的问题视为管治权之争，所以要考虑一系列问题：假如反对派当权，会不会把香港变成反共基地？会不会跟西方势力勾结，推动中国和平演变？会不会使一国两制走向另外的方向？而这个方向对香港不利，对国家也不利。从这个角度来说，在政改问题上，中央和部分港人之间有无法调和的矛盾。在这个过程中，由于特区政府权威薄弱，中央政府为了保护国家利益，同时保护特区政府不受太多冲击，采取了主动积极的态度，先把这个球接过来，主导整个政改。

　　另外，香港回归这十多年，不断有人挑战中央权威，策动对抗中央的行动，试图搞坏特区的环境。所以在过去几年，中央越来越积极地使用它的权力，希望能够拨乱反正。过去中央和内地学者很少就香港事务发言，现在要夺回话语权，改正一些偏离《基本法》、不符合一国两制方针的情况，重新树立中央权威。《"一国两制"在香港特别行政区的实践》白皮书（以下简称《白皮书》）的发表就说明了这个问题。这肯定会让一部分港人，特别是争取民主的人，对中央更加不满，导致冲突步步升级。

　　从中央来说，必然更加从保险的一面来处理香港问题，从国家主权和安全方面来考虑。是不是在某些方面减少对香港的依赖？比如人民币离岸中心，以前只有香港一个，现在新加坡、伦敦、纽约、法兰克福，越来越多。这是不是减少对香港这个国际金融中心依赖的一个部署？所以，不管西方的图谋是什么，中国政府因为国际形势的变化，对香港产生了新的担忧，并采取相应对策。

　　在这种种情况下，政改方案不可能有一个各方都可以接受的结果，只能由中央说了算。未来一段时间，反对派的对抗情绪可能还会增加，矛头不光是中央政府，还有特区政府。中央和一些港人之间、特区政府和一些港人之间，建制派和反对派之间，主流精英和传统爱国力量之间，各种矛盾还会继续发酵，在某种程度上影响香港的稳定和发展。这就是我们现在面对的现实。

中央政府与反对派的政治角力

玛雅：中央自始至终态度都很明确，特区政权不能由对抗中央的人来掌握。邓小平说得很清楚，香港的事，必要时"中央就要干预"。可是为什么，过去30多年香港的反对派势力发展到这么大？能与中央支持的建制派和"爱国爱港"力量分庭抗礼？

刘兆佳：这起因于英国人的"光荣撤退"大计。香港的反对派主要是公共服务、自由职业、媒体、教育、社会服务等行业的精英，他们受过高等教育，不少人信仰基督教和天主教。作为新兴力量，他们需要借助殖民政府开放政治空间在政治上冒起，所以希望英国人在回归前实施最大限度的民主改革。英国人出于对中国共产党的怀疑和厌恶，对香港人的"同情"，希望在殖民管治结束前"还政于民"，在香港建立完全自治的政治体制，从而保持香港原有的制度和价值观，以及延续英国的影响力，让中国政府的权力徒具空文。于是，他们扶持新的政治势力，主要是认同西方政治理念和怀抱反共意识的反对派，与他们结为"非神圣同盟"，共同对付中国政府、建制派和"爱国爱港"力量。

由于香港人普遍对"九七"回归感到忧虑，对内地同胞怀有政治优越感，认为民主政治可以维护香港的法治、自由和善治，这使反对派势力及其主张颇有市场。尽管在中国的反制下，英国人不能完全按照他们的意愿落实"光荣撤退"大计，但却为香港后来的管治和长远发展制造了障碍，留下诸多后患。尽管在英国人离开后，反对派失去了"靠山"，但在部分香港人挥之不去的"恐共"情绪阴霾下，仍然具有相当的政治能量。相对于"爱国爱港"力量而言，在民意、舆论和选举等方面仍占优势。

回归十多年的大部分时间，很多挑战中央权力、不符合《基本法》和一国两制的事，反倒成了是反对派指责中央。比如香港法律界老是说，人大释法就是破坏香港法治，就是破坏香港司法独立，有些事情法院的判决不符合《基本法》，也不做什么。

十八大报告说，要在香港问题上更积极、更进取、更有所作为。从中央角度来说，这是要把香港拉回正轨。但是对部分港人来说，特别是反对派，中央政府要改变对香港的政策，破坏香港高度自治，减少香港人所拥有的政治空间和权利。这种情况下，中央处理香港问题的手法出现变化，自然会与一部分港人产生摩擦。虽然在我看来，《白皮书》没有改变一国两制的内涵，只是肯定中央在一国两制发展中的角色。但要把这个情况扭转过来，当然引起香港人一些疑惑。

玛雅：反对派得以兴起是拜港英政府所赐，英国人走后

"靠山"就没了，却在 17 年后掀起这么大的风浪。而中央一直扶持的建制派却没能起来，这是为什么？

刘兆佳：我的看法是，由于过去的一些做法，让反对派及其支持者产生了一些现在看来是不切实际的期望，助长了反对派里的激进势力。因为反对派老是提出自己的主张，并且觉得中央在最后关头可能做出让步，这纵容了反对派里的激进势力，让相对温和的务实势力抬不起头。

玛雅：反对派屡试不爽，每每逼迫中央让步，这次"占中"也是打的这个算盘。

刘兆佳：可这次不同了，他们错误估计了中央可能作出的强硬反应。过去两年来，中央政府高调表明立场，认为这种情况非得扭转不可。这肯定会引起香港人反弹，因为香港人已经习惯了反对派的说法。现在突然说，你们的看法不是中央的看法，那他肯定不满意。最不幸的是，这种冲突随着特首普选这一政权争夺的过程出现，必然使各种矛盾进一步激化。这种局面很不理想，但是这个坎儿恐怕绕不过去，只能慎重去面对，逐步把冲突一一化解，起码约束在一个可以接受的程度。

总的来说，很多问题都是过去两三年发生的，不是源于一国两制，而是源于内地的变化，香港的变化，以及国际上的变化。但是从一国两制的角度来看，必须面对这些变化，积极妥善把问题处理好，理顺香港和内地的关系。

我不认为中央政府希望改变香港原有的制度和价值观，那样一来，香港对国家的价值就没了。中央政府要改变的是一些港人在回归这么多年后还不接受共产党在中国执政这个事实，还要挑战中央权威，还要在《基本法》和一国两制之外搞对抗性行动。这些根本不是一国两制之下想见到的。一国两制没有说要把香港搞成独立政治实体，没有说要不断挑战中央权威、否定国家现行制度的合法性。

所以对反对派来说，必须接受共产党在中国执政这个现实，不要妄图冲击中央的权威和权力；要在《宪法》和《基本法》的框架下进行活动，把政治目标和行动都局限在香港；不要妄图让香港扮演它不应该扮演的角色，把香港变成一个"反共基地"或"颠覆基地"，让香港来左右内地政治发展，推动中国和平演变。反对派及其支持者在经过一连串斗争、冷静下来后要想清楚，究竟是要在《基本法》和一国两制框架下来运作，争取自己的权益，还是不断挑起风波，试图改变一国两制的安排。这就是目前斗争的核心所在，也是香港将来走哪条道路的关键时刻。

香港不会成为动乱之都

玛雅：分析认为，"占中"的最大危害是撕裂了香港社会，造成支持者和反对者尖锐对立。同时，短期内对香港经济造成严重伤害；若长期持续，香港国际金融中心的地位以及国际信用评级都会受损。你对香港的前景担忧吗?

　　刘兆佳: 我不太担忧,香港不会成为动乱之都。大部分香港人不热衷于民主斗争,主流民意希望保持繁荣稳定。这次"占中"行动风起云涌,但你看过去数十年,虽然民主化和政改争议闹得沸沸扬扬,香港社会基本是安定的,经济也取得了一定发展。一般而言,政治与社会、经济的联系相当紧密,但在香港,政治纷乱并没有完全渗透到社会和经济领域。

　　这与香港人的政治文化尤其是"矛盾民主观"不无相关。香港人的民主观又与殖民统治的历史不无相关。政治学讲"路径依赖",香港独特的殖民地经历"限定"了香港的民主发展。

　　首先,对大多数香港人来说,既然香港的繁荣、稳定、自由、人权、法治、廉政、平等机会等"好东西"都来自威权型的殖民管治,则民主改革便不重要。不但不重要,人们甚至担心民主化会对这些"好东西"产生负面影响。第二,既然大多数人在殖民管治下或多或少都得到了实际利益,成为既得利益者,除非有足够强大的理由,变更现状就不是选项。第三,在对殖民管治颇为满意的情况下,香港难以孕育反对力量和反对派领袖,民主运动纵然有规模也有限。第四,在英国人怀柔管治下,香港出现了一个势力庞大的华人精英阶层。这些人是香港的中流砥柱,是维护既有权力和利益格局的保守力量。既然民主化会让民众力量抬头,危及主流精英的利益,他们自然对民主改革持反对或保留的态度。

玛雅：这也解释了，为什么主流精英大多是建制派，是一国两制"天然"的支持者。

刘兆佳：主流精英已经得到中国政府的重视和照顾，不需要动员香港人来维护他们的利益。事实上，发动群众对他们不利，因为他们必须愿意牺牲自己的经济和政治利益，满足群众的诉求，才有可能取得民意的支持。因此，香港人因"九七"问题而上升的民主诉求，以及随之而来的福利诉求和民粹情绪，对主流精英来说是严重的政治威胁。香港日益严重的贫富悬殊和隐约出现的要求政府实行财富和收入再分配的声音，更让主流精英感到如芒在背，促使他们对民主改革采取更谨慎的态度。民主化同时也意味着"反共"势力抬头，以及由此衍生的香港人与中央政府的冲突和对抗，这对香港的政治稳定和经济发展绝对不利。所以，主流精英选择与中央政府合作，作为应对香港政治环境变化的策略，对民主改革则主张渐进和缓进的步伐。

玛雅：这也就是说，香港的民主运动没有群众基础，更没有主流精英的支持，民主派在香港很难成大气候。

刘兆佳：所以我们看到，回归十几年来，香港人民主诉求的升与降往往是实用或功利思想驱动的。当人们对时下一些社会经济情况不满、对特区政府的施政不认同、对中央政府的对港政策有意见、对内地侵犯人权的事件感到义愤、对财团的巧取豪夺表达愤怒的时候，社会上要求民主的呼声便会骤然响起，激烈的抗议行为也会突然爆发，但往往冲动过后便无以为继。当真的有人提出政制改革时，人们的热情往往开始冷却，无法支撑一场经久不息的运动。

所以，尽管在中央和建制派眼里，反对派所领导的民主运动已经取得了不小的"战绩"，但对于大多数反对派来说，香港的"民主"发展步子太慢，全面民主化的目标甚为遥远。这种急切感使得反对派内部怨毒不平之气不断走高，斗争手法也愈发走向偏激。在这个过程中，反对派里的激进势力冒起，与相对缓和的务实派产生了分化。群龙无首和激进趋势导致他们与中央和建制派的斗争不断升级，香港的政治斗争没完没了。这种紧张局面窒碍了特区的有效管治和香港的长远发展，加剧了香港人对政治的厌恶和疏离感，越来越不信任连同反对派和建制派在内的所有政治势力。尤其是高度依赖群众支持的反对派，明显损失了推动民主运动的政治能量和动员能力。

玛雅："占中"行动渐失民心，遭到香港社会强烈反弹。有市民说，"占中"是违法行为，不是民主。参与者根本不懂得什么是民主，他们"没有资格争取民主"。

刘兆佳：为什么会出现这种情况？为什么"占中"会被年轻人的激烈行动劫持，而主要的民主派政党失去了领导力，反而被年轻人牵着鼻子走？其实这正揭示了香港民主运动的危机所在。香港的抗争行动越来越由年轻人主导，说明反对派的主要政党失去了社会支持，其领导力被更激进的反对势力所取代。而年轻人比较偏激，政治现实感不足，在情绪化的情况下容易引发更激烈的对抗行动，必然导致主流社会越来越不接受他们的行动。根据政治学理论，当一个运动或行动出现年轻人主导和激烈化趋势，就表示正在走向衰落。衰落过程中，也是社会冲突甚至暴力行为最容易出现的时候。"占中"行动也一样。但这并不表示香港的反对力量越来越强大，反而凸现其走向衰败的颓势。

玛雅：所以你不太担心香港目前局面和未来发展，因为民意希望尽快结束混乱，社会恢复理性和正常？所谓"阳光总在风雨后"。

刘兆佳：一路以来香港人习惯了平静的政治生活，不习惯冲突和对抗。香港是个商业社会，香港人总体来说很理性，注重稳定与发展。当社会冲突超出一定范围，演化为激烈对抗，人们会担心破坏社会稳定，影响经济和民生，打击投资者信心，损害香港与中央和内地的关系。这个时候，主流民意会出现保守主义的反弹，对这种行为进行阻止。换句话说，香港社会具有自我调控能力，不会成为动乱之都。

我不太担忧香港未来发展。从社会学角度来看，矛盾冲突也是解决问题的一种方法。将潜在的问题暴露出来，有助于双方看清对方的底线，了解对方的关切，减少一些不切实际的幻想，找到重新调整各方关系的契机，从而建立比较合适的关系。

毋庸讳言，现在的情况不乐观。即便如此，我还是认为一国两制是有效的，不需要放弃或改变。相比 155 年的殖民统治历史，回归 17 年只是很短的时间，我们需要更长的时间来建立一种适当的中央和香港特区的关系、香港人与内地同胞的关系，以及香港内部不同力量之间的关系。现在的问题是，我们怎么来处理一些具体问题？总的来说，国家还会不断发展，还会为香港的发展带来很多机会。而香港大多数人是理性的，主流意见是要和内地继续发展经济合作。从这个角度来说，香港的民主派只能在政治现实的夹缝中找出路，量力而为，不可抱有不切实际的理想，勉强争取，走向对抗。要知道，香港回归中国后，与西方世界的关系必然出现重大变化。而且西方很难再成为推动香港经济发展的动力，因为西方自身难保、自顾不暇。香港未来的发展离不开中央的对港政策，离不开香港和内地的良好关系，因此香港人必须要与中央政府合作，与内地同胞和睦相处。在这个基础上去思考，香港未来往哪走？走一条什么样的民主路？

（本文原发表于《经济导刊》，2014 年 11 月。）

上篇 /

香港政改的宪制争议与法理交锋

香港民主发展的独特性在相当程度上与香港在中国主权下实施"一国两制，港人治港和高度自治"有关。

——香港中文大学荣休讲座教授　刘兆佳

由 1997 年前英国空降港督来香港，到 2017 年全港 500 万选民一齐投票。短短二十年之间我们作出的民主进程，浩浩荡荡、光辉灿烂。这些成果，是香港市民努力的成果，亦是国家对香港民主诉求的积极回应。

——香港特区首任行政长官、全国政协副主席

董建华

《"一国两制"在香港特别行政区的实践》白皮书与香港的独特民主路

刘兆佳

2014 年 6 月对我来说别具意义。我撰写的新书《香港的独特民主路》在 6 月中由香港商务印书馆正式发行，没几天后国务院新闻办公室发布《"一国两制"在香港特别行政区的实践》白皮书（以下简称为《白皮书》）。

我的新书的主旨是通过分析过去香港民主发展的历史而总结出一条在世界上颇为独特的民主发展道路，并推断香港仍然会沿着这条道路继续推进其民主进程。香港民主发展的独特性在相当程度上与香港在中国主权下实施"一国两制，港人治港和高度自治"有关。

《白皮书》则把香港的民主发展纳入国家对香港的"一国两制"方针政策和国家发展整体战略的框架之内予以论述。

虽然出发点不尽相同，但彼此的结论却有着不少殊途同归之处。所以我决定把今天的发言题目定为《白皮书》与香港的独特民主路。

关于香港的民主发展，邓小平先生高瞻远瞩，早就指明了香港独特民主路的发展战略。他的以下几个观点我们必须记住：

1. 港人治港有个界线和标准，就是必须由以爱国者为主体的港人来治理香港。……什么叫爱国者？爱国者的标准是，尊重自己的民族，诚心诚意拥护祖国恢复行使对香港的主权，不损害香港的繁荣和稳定。

2. 香港的制度也不能全盘西化，不能照搬西方的一套。……现在如果完全照搬，比如搞三权分立，搞英美的议会制度，并以此来判断是否民主，恐怕不适宜。

3. 对香港来说，普选就一定有利？我不相信。比如说，我过去也谈过，将来香港当然是香港人来管理事务，这些人用普遍投票的方式来选举行吗？我们说，这些管理香港事务的人应该是爱祖国、爱香港的香港人，普选就一定能选出这样的人来吗？即使搞普选，也要有一个逐步的过渡，要一步一步来。

《白皮书》可以说是对邓小平先生战略思想的具体化，着重从以下方面阐释了香港的民主发展途径：

1. 中央拥有对香港特别行政区的全面管治权，但授权香港特别行政区依法实行"港人治港，高度自治"。

2. "港人治港"必须由以爱国者为主体的港人来治理香港。

如果治港者不是以爱国者为主体，或者说治港者主体不能效忠于国家和香港特区，"一国两制"在香港特别行政区的实践就会偏离正确方向，不仅国家主权、安全、发展利益难以得到切实维护，而且香港的繁荣稳定和广大港人的福祉也将受到威胁和损害。

3. 中央拥有对香港特区行政长官产生办法和立法会产生办法的决定权。

4. 香港基本法明确规定行政长官和立法会全部议员最终由普选产生，使之成为法定目标。

5. 要把"一国两制"在香港特别行政区的实践继续推向前进，必须从维护国家主权、安全、发展利益，保持香港长期繁荣稳定的根本宗旨出发，全面准确理解和贯彻"一国两制"方针政策，把坚持一国原则和尊重两制差异、维护中央权力和保障特区高度自治权、发挥祖国内地坚强后盾作用和提高香港自身竞争力有机结合起来。

6. 特区成立以来，中央政府和香港特区政府坚定不移地按照相关基本法和全国人大常委会有关决定的规定，推行以行政长官产生办法和立法会产生办法为主要内容的民主政制循序渐进向前发展。

7. 行政长官和立法会普选制度必须符合国家主权、安全和发展利益，符合香港实际、兼顾社会各阶层利益，体现均衡参与的原则，有利于资本主义发展，特别要符合香港特别行政区作为直辖于中央人民政府的地方行政区域的法律地位，符合香港基本法和全国人大常委会有关决定的规定，经普选产生的行政长官人选必须是爱国爱港人士。

8. 始终警惕外部势力利用香港干预中国内政的图谋，防范和遏制极少数人勾结外部势力干扰破坏"一国两制"在香港的实施。

4月15日，我在全国港澳研究会和香港基本法推介联席会议主办的"香港特区行政长官普选研究论坛"上有一个发言，主要是从有"一国两制"的"总设计师"美誉的邓小平先生拟定和讲述的"一国两制"方针所要达到的战略目标出发，思考行政长官普选作为目标如何与"一国两制"方针的其他目标互相配合，而行政长官普选作为手段又如何协助该方针的落实。我一直强调，"一国两制"方针的主要目标包括维持香港的稳定和繁荣、保持香港原有的资本主义制度、维护投资者的利益、维持香港对国家的经济价值、促进香港与中央和内地的良好关系及防范香港成为"颠覆"基地等。根据这个立场和出发点，我认为，不能抽离地或孤立地来处理香港政制民主化的问题，而必须从香港的历史背景、中央对香港政策和香港的现实情况来慎重稳妥处理。在这个思路中，普选行政长官的办法必须要让"一国两制"方针的重要目标能够达到，起码不要妨碍它们的达到。

我一向主张，我们要从客观、现实的视角去描述和分析香港过去三十多年的民主化道路，特别聚焦在它的方向、速度、内容、机遇、障碍和前景。我的看法是，研究香港的民主发展必须同时从历史和现实的角度出发，分析香港所处的国际形势、国内环境、中英关系、香港的历史背景和香港内部政治势力的对比，这样才能好好理解香港为何走上自身独特的民主化道路，也才能摒弃西方理论的羁绊，找寻一种切合香港具体现实情况的民主改革方案。

那么，香港独特的民主发展道路有哪些主要特征呢？从比较政治的角度看，香港的民主发展道路与其他国家和地区的道路差异甚大，明显有自己的特色，可谓是"独特的民主发展道路"，具有很高的学术研究价值和对其他地方的参考价值。香港的民主发展道路有一系列特征，加起来形成了其"独特性"。

由于没有其他地方的先例或相关经验可循，所以处理香港的民主改革时必须保持理性、小心、谨慎、谦卑和务实的态度，不断分析和总结过去取得的成果和教训，时刻准备作出调整，以确保香港民主发展过程能够有序和稳步进行，从而保证"一国两制"方针政策的全面和准确落实，让国家和香港的利益与发展都得到兼顾。

特征一：香港回归祖国启动香港民主发展

香港在殖民统治下不可能有实质意义的民主改革与发展，因为政治权力依然在法律上牢牢掌控在殖民地政权的手上。香港回归祖国促使殖民政府在撤退前夕给予港人一定的政治影响力，目的是在其管治权威下降时巩固港人对它的支持。

中央虽然拥有对香港的主权和相关的全面管治权，但同时在"一国两制"方针政策下授权香港在回归后实行"港人治港，高度自治"，中央的对港政策乃香港的民主发展的前提、契机和基础。

所以，香港的民主发展并非来自内部的不满和力量，也不是来自外部势力的压力。没有回归祖国的历史转变，香港的民主发展难以发生。

特征二：香港的民主政体不同于主权国家的民主政体

香港当然不是主权国家，也非"独立政治实体"，但作为一个主权国家内的"特别行政区"，香港在回归祖国后所享有的高度自治权力比任何一个主权国家内的地方行政区域的权力都要大，包括联邦制下的州、省或邦。举例说：香港可以发行自己的货币、香港在国际上是独立的关税区、香港不用向中央交税等。然而，"高度自治"不是"完全自治"或"绝对自治"。中央拥有国防、外交和其他一系列权力，香港也不享有"剩余权力"。所以，香港的民主化只能在"高度自治"的框架内推展。

特征三：香港政制发展的主导权和决定权在中央

作为中国的一个特别行政区，"高度自治"不表示香港可以自行设计和决定香港的政治体制。对香港民主发展的形式和步伐，中央拥有主导权和决定权。中央在处理香港政治体制发展时需要考虑国家和香港的需要以至"一国两制"的实施情况。香港的民主发展主要通过行政长官和立法会的产生办法不断改革来体现，但是必须在承认和尊重中央的权力和利益的前提下推进。这也意味着，香港特区政府可向中央提出改革政治体制的要求。

特征四：基本法和人大常委会的相关决定规范香港的民主发展

香港的民主发展必须在基本法和人大常委会的相关决定内推进，而且不能逾越。联合国的《公民权利和政治权利国际公约》只具参考价值。所谓"国际民主标准"即便有也只是一些抽象标准或理想，实际上没有哪一个国家和地区能够完全达到。在发达的西方国家的民主政体中，往往有不少偏离民主标准和理想的东西。如何提升民主程度和素质在西方国家也是永不休止的探索。

特征五：民主发展与"一国两制"相互配合

中国在香港恢复行使主权后实施"一国两制"方针政策。"一国两制"方针政策关系到国家利益和香港利益，也关系到包括香港同胞在内的全体中国人的福祉。"一国两制"方针政策的主要目标是：维护国家主权、安全和发展利益，保持香港的繁荣和稳定，保持香港原有的资本主义制度，发挥香港在国家发展中的作用和贡献，遏止外部势力干预香港内政，防止香港成为颠覆基地。民主发展乃"一国两制"的目标之一，但其重要性不及上述目标。香港的民主发展需要从落实"一国两制"的大局中予以处理，不能抽离或孤立处理，必须支持和配合"一国两制"，确保其各项安排和主要目标的达致。把民主发展视为"一国两制"的最重要目标，而民主发展只需考虑"国际标准"的说法不符合"一国两制"的原意和精神。

特征六："永久性居民"乃民主政体的主体成员

世界上普遍的做法是只有国家公民才拥有政治权利。为了充分照顾原来的香港居民的利益，在"一国两制"下只有香港永久性居民才享有政治权利，主要体现在选举、提名和参选权之上。香港永久性居民包括为数不少的外国公民，而不少中国公民因为不是永久性居民而不拥有政治权利。香港的立法会容许不超过20%的全体议员并非中国籍或在外国有居留权。这些宽松安排世上罕见。

特征七：提名权、参选权和投票权分开处理

为了确保爱国者治港、均衡参与、保存香港原有的自由开放的资本主义制度、防范福利主义和民粹主义和照顾各方投资

者的利益，香港的选举制度把提名权、参选权和投票权分开处理。

投票权普及和平等，符合"一人、一票、一价值"（one man, one vote, one value）的要求。在行政长官选举中，只有推选委员会、选举委员会和提名委员会才拥有提名权。一般永久性居民没有提名权。在立法会的选举中，大多数的议席的候选人有国籍和外国居留权的限制，不是所有永久性居民都拥有参选权。在行政长官的选举中，除了国籍和外国居留权限制外，还有年龄（必须年满 40 周岁）和居住时间（必须在香港通常居住连续满 20 年）的限制。因此参选权有限制。

特征八：选举结果必须确保爱国爱港者治港

全面和准确落实"一国两制"方针政策无可避免要求某种确定性，那就是要确保爱国爱港者成为管治香港的主导力量和主体力量，不然的话不但"一国两制"在香港无法实践、香港繁荣稳定不保、香港成为与中央对抗的基地及香港蜕变为国家的负资产。推选委员会、选举委员会、提名委员会都发挥确保爱国爱港者治港的作用。

西方民主理论强调对选举程序的尊重，而不计较选举的结果。但既然香港的民主选举必须配合和支持"一国两制"的事实，选举结果也必须有利于"一国两制"的实践和国家与香港利益的促进。

特征九：混合性的选举办法

其他国家与地区一般以分区或非分区方式选举产生政府、立法议会甚至法官，选举办法比较简单。

在香港，为了保护原有的资本主义体制、保障投资者的利益、确保爱国爱港者治港和尽量包容各类声音，香港在回归后采用了一套比较多元和复杂的选举办法。

在行政长官或立法会的选举中设置了推选委员会、选举委员会、提名委员会、功能团体选举、分区直选中的比例代表制。立法会内也实行分组点票制度。

特征十：维持现状乃重要考虑

为了响应回归前港人普遍惧怕"改变"的心态，"一国两制"方针政策的主旨乃尽可能维持现状不变，所以才有"五十年不变"的承诺。

政治体制和选举办法的转变，不可避免会导致政治、经济和社会等各方面的变化，所以政制改革乃至民主发展不能操之过急。任何重大的选举办法的改变都必须得到中央、行政长官和全体立法会议员三分之二的支持，就是要稳定现状。要改变现状，必须要能够在中央和港人，及香港各方面之间对变革形成广泛共识。

特征十一：民主发展过程冗长

西方国家一般经历了漫长的民主发展过程。然而，过去几十年来在非西方国家和地区发生的民主改革，却往往在几年内完成整个过程，当然成败得失各地差异甚大。由于各方利益和立场的分歧甚大，建立共识颇为困难。既然民主改革需要得到广泛支持，而少数势力又有不少机会阻挠民主改革，因此香港的民主发展过程缓慢而冗长。

特征十二：香港具有民主发展的优越条件

在很多其他国家和地区，人民以和平或暴力方式争取民主，是为了争取经济发展、提高生活水平、法治、人权、自由、善治等"好东西"，因此民主诉求强烈，并愿意为民主化付出沉重代价。

香港的民主发展轨迹刚好相反，它是在那些"好东西"已经获得后才出现民主改革的要求。港人对民主改革因此态度犹豫和矛盾。这种态度为循序渐进发展民主提供民意基础。

特征十三：民主发展和平稳步进行

一直以来，伴随着香港的民主发展的是无休止的争议和摩擦，但大体上仍然以和平的方式进行，没有对繁荣稳定造成严重威胁。这与广大港人在追求民主之同时，仍然将保持稳定、促进繁荣和维持与中央的良好关系当作重要考虑有密切关系。

可以说，港人的保守心态对任何激烈和暴力的行为造成制约。

特征十四：民主发展的开放性

民主发展的"最终"结果难以预料，所以香港民主发展的"结局"具有某种程度的开放性和不确定性。我相信，即便立法会走向全面普选，功能团体选举仍然会以某种形式保存下来。

特征十五：民主发展不是改变社会和经济体制的工具

在很多国家与地方，不少政治势力希望通过民主选举获取政治权力，利用政治权力来改造社会和经济体制，及进行重大的公共政策的改革。香港原有的社会经济制度和重要的公共政策在基本法中得到宪制性法律的保障，并发挥稳定人心和投资者信心的作用。选举产生的行政长官和立法会难以运用手上的权力推行急剧的社会和经济变革。

（本文根据《香港大讲堂》第2讲的讲稿改编，2014年7月。）

香港特别行政区的管治和发展：
平衡"一国"与"两制"的中道

陈弘毅[*]

前　言

"一国两制"的法理基础是中国全国人民代表大会制定的《香港特别行政区基本法》，《基本法》在规划中央与特区的关系时所应用的原则主要有两条，一是国家主权原则，另外便是特别行政区的高度自治原则。前者体现的是"一国两制"中的"一国"，后者则反映"一国两制"中的"两制"。"一国两制"的成功实施，有赖于"一国"和"两制"之间的适当平衡。目前香港政治环境并不理想，"建制派"和"泛民主派"对于中央和特区的关系的看法有不少分歧，社会的分化甚至撕裂的情

---

[*]　陈弘毅，香港大学法学院教授，兼任全国人大常委会香港基本法委员会委员，香港太平绅士。

况愈趋严重。我们能否妥善解决 2017 年行政长官是否和怎样实行普选的问题，包括"占领中环运动"所引起的争议，将是香港特别行政区成立以来香港政治上最大的挑战。我相信解决这个问题的成功之道，便是一条适当平衡"一国"和"两制"的"中道"或"中庸之道"。去勇敢探索和找出这条中道，便是我们面对的历史性挑战。希望"建制派"和"泛民主派"人士能为香港市民整体的福祉着想，放下分歧，求同存异，共同努力找出这条中道。因为香港并不属于"建制派"人士，也不属于"泛民主派"人士，香港属于我们全体香港市民，包括所谓"沉默的大多数"。香港政治所应该走的道路，必须符合绝大多数港人的利益和意愿。我相信，这条"中道"，便是最能符合绝大多数港人的利益和意愿的道路。

本文分为两部分。第一部分是讨论《基本法》和相关的由全国人大常委会作出的解释怎样处理香港政治体制的民主化的问题，以及在这个问题的处理上，国家主权原则和高度自治原则，或者"一国"和"两制"之间，如何有一种平衡。然后，在第二部分，我会探讨在处理这个"政改"问题时，尤其是在处理 2017 年行政长官普选问题时，我们应该采取怎样的态度，才能在最大程度上保障全体香港市民的利益。我会提出这样的一个论点，就是最适当的态度，便是一条中道或中庸之道，一条兼顾国家主权原则和港人民主自治原则的中道。

香港政治体制发展过程中的"一国"与"两制"

《基本法》所规定的香港特别行政区政治体制不是静态的，[1] 而是有其发展规律和方向的。[2]《基本法》第 45 条规定，"行政长官的产生办法根据香港特别行政区的实际情况和循序渐进的原则而规定，最终达至"由普选产生的目标。第 68 条就立法会的产生办法也有类似的规定，"最终达至全部议员由普选产生的目标"。

至于如何对现有的政治体制及其选举安排进行改革，以达到《基本法》规定的最终发展目标，《基本法》附件一和附件二作出了规定。在 2004 年 4 月 6 日，全国人大常委会对这些规定作出了解释，[3] 建立了香港政治体制改革（"政改"）的"五部曲"的程序：一、由特首就是否需要进行政改向全国人大常委会提交报告；二、全国人大常委会审议报告并作出决定；三、特区政府向立法会提出政改的具体方案；四、方案得到立法会以三分之二的多数通过及特首的同意；五、方案由全国人大常委会批准（关

1　刘兆佳：《回归十五年以来香港特区管治及新政权建设》（香港：商务印书馆，2012）。

2　马岳：《香港政治：发展历程与核心课题》（香港：香港中文大学香港亚太研究所，2010）。

3　全国人大常委会：《关于〈中华人民共和国香港特别行政区基本法〉附件一第七条和附件二第三条的解释》(2004)，参见香港政府政制及内地事务局网页：http://www.basiclaw.gov.hk/tc/basiclawtext/index.html。

于特首选举办法的方案）或备案（关于立法会选举办法的方案）。

由此可见，在香港特别行政区的政改或民主化过程中，中央政府和特区的行政和立法机构都有其各自的角色，在有关角色和权能的设计上，体现出"一国"和"两制"、国家主权原则和香港特别行政区民主自治原则的某种平衡。政改的启动的建议权在香港特首，特首在咨询香港民意后可向中央提交报告，建议在香港启动政改的程序。决定是否启动政改的权力属于中央，人大常委会就特首的报告作出决定，便是决定是否启动政改，以及这次政改的范围和条件。至于政改最后能否落实，便要看特区政府提出的政改方案的具体内容，以及这个方案能否在香港立法会获得三分之二的多数票的支持通过。例如2005 年的政改方案，便因争取不到三分之二的支持而被否决；2010 年的政改方案，在立法会表决之前的最后关头作出了重大修改而终获通过。[1] 从这里可以看到，政改能否实行并不是中央或特区单方面可以决定的，它有赖于双方的配合和合作。

处理 2017 年"政改"问题的"中道"

香港当前面临的政改问题，主要是 2017 年行政长官的普

1　Albert H.Y.Chen,Development of Representative Government. In Johannes Chan and C. L. Lim (Eds.), *Law of the Hong Kong Constitution* (Hong Kong: Sweet & Maxwell, 2011), chapter 8.

选问题。正如上面指出，《基本法》本身已规定行政长官最终由普选产生的目标。至于什么时候是实行特首普选的适当时机，2007 年全国人大常委会已经有所决定。[1] 根据这个《决定》，"2017 年香港特别行政区第五任行政长官的选举可以实行由普选产生的办法；在行政长官由普选产生以后，香港特别行政区立法会的选举可以实行全部议员由普选产生的办法"：这便是全国人大常委会就两个普选的时间表的重要决定。《决定》同时提到，两个普选的最终落实有赖于上述"五部曲"程序的顺利完成。

2013 年 10 月 17 日，行政长官梁振英先生宣布成立由政务司司长领导的"政改咨询专责小组"，开始准备就 2017 年行政长官普选以及其他政改问题进行正式咨询。2013 年 12 月 4 日，政府发表《二零一七年行政长官及二零一六年立法会产生办法咨询文件》，正式开展关于政改的公众咨询，为期五个月。其实自从 2013 年起，在香港社会中关于政改问题的讨论已经相当活跃，例如"真普选联盟"在 2013 年 3 月 21 日成立，又出现了"占领中环"运动。[2] 这是一个百花齐放、百家争鸣的时候，我在这里提出我个人的意见，所谓抛砖引玉，希望各方

1　全国人大常委会：《关于香港特别行政区 2012 年行政长官和立法会产生办法及有关普选问题的决定》（2007），香港政府政制及内地事务局网页：http://www.basiclaw.gov.hk/tc/basiclawtext/index.html。

2　戴耀廷：《"占领中环"：和平抗争心战室》（香港：天窗出版社，2013）。

人士多多指教。

首先，应该指出，在 2017 年实现《基本法》第 45 条规定的普选行政长官的目标，既是绝大部分香港市民的期望，又是全国人大常委会在 2007 年订出的普选时间表中实现行政长官普选的日期。所以在这方面，香港市民和中央政府的意向和目标是一致的，而不是分歧或对立的。我认为，就 2017 年特首普选的问题来说，理性的态度应该是去研究，港人如何和特区政府和中央合作，共同努力，实现这三方已经共同肯定的在2017 年实现行政长官普选的目标。在这方面，特区政府和中央政府都应被视为港人的合作伙伴，而非对手或敌人。

第二，我认为在政改问题上，中央政府和特区政府也应视港人为合作伙伴，这些港人不单包括所谓"建制派"人士，也包括"泛民主派"人士。必须强调，没有泛民主派的合作和支持，政改或普选是没有可能实现的，因为《基本法》附件一明文规定任何政改必须得到立法会中三分之二的票数的支持，而香港的政治现实是，"泛民主派"在立法会中占有超过三分之一的议席，所以他们对任何政改或普选方案都享有否决权。2005 年的政改方案就是由于争取不到"泛民主派"的支持而被否决的。

第三，既然行政长官普选在 2017 年的实现将会是港人和特区政府以及中央政府合作成功的结果，如果我们希望这次合作能够成功，便要在现在探讨如何促成这次合作、如何使合作的条件得以满足、如何让合作的环境得以形成。我们的常识告诉我们，如果一群人要合作完成一项工作，他们不但需要分享一个共同的目标和实现这个目标的意愿，他们还需要互相信任，进行有效沟通，从而商量在完成这项工作中需要解决的问题。换句话说，没有互信，没有沟通，没有一个通过理性沟通来解决问题的过程，便没有可能成功完成一项需要大家互相合作才能完成的工作。我认为这个关于合作的模式和条件的构想，很大程度上适用于 2017 年香港特首普选的问题。

如果以上这个分析是对的话，实现香港在 2017 年普选特首的不二法门，便是在港人和中央政府以及特区政府之间建立互信，包括"泛民主派"和中央之间的互信，从而进行有效沟通，通过理性的对话和谈判，来解决在普选方案的设计过程中需要解决的问题，包括提名的问题、选举制度的问题以至中央任命特首的问题。反过来说，如果只有互相猜疑和对骂，便不可能出现互信和理性沟通或对话，困难的问题便不能解决，普选便难以实现。[1]

我在这里谈的互信，不一定是很高水平的对对方的信任，只需要一定程度的信任，作为沟通或协商的基础。这种信任是指相信对方是有诚意与己方进行沟通或对话的，相信对方和自己一样，都希望通过协商来解决问题，从而实现大家的共同目标。反过来说，如果谈判尚未开始，便向对方提出威胁，说如

---

[1]　张文光:《没有各走极端的本钱》,《明报》, 2013 年 11 月 6 日, A34 版。

果对方不接受己方即将提出的要求，己方便会采取不利于对方的行动，这便是反其道而行之。

以上谈到的互信或互相信任，和互相尊重有十分密切的关系。没有尊重便难以有信任，没有信任也难以有尊重，两者是相辅相成的。上文说这里谈的信任是指相信对方是有诚意与己方进行沟通或对话的，至于这里说的尊重，则是指承认对方的想法可能是有一定道理的，即尊重对方作为一个理性和讲道理的人，并愿意尝试了解和考虑对方的观点。一定程度的互相信任和互相尊重，便是理性沟通的先决条件。

如果把这些原则或构想落实到 2017 年特首普选的问题上，那么香港市民（包括"泛民主派"）便需要了解中央的立场，就是中央一方面已经承诺香港可以在 2017 年实施特首普选，另一方面，中央在行使它对于特首的任命权时，不会任命一位与中央对抗的人士担任特首。[1] 此外，从中央的角度看，中央承诺和愿意在香港实施的特首普选是符合《基本法》和有关人大决定的普选模式，而不是符合所谓国际普选标准但不符合《基本法》的普选模式。中央也需要了解香港的民意和"泛民主派"人士的诉求，就是他们希望特首的普选是自由和公平的，不同政治党派的人士都应该有平等的机会参选。在这些理解的基础上，尝试通过理性沟通、对话、协商或谈判，来找出一个

---

1 乔晓阳：《在深圳的香港立法会部分议员座谈会上的讲话》（2013 年 3 月 24 日），见于 2013 年 3 月 25 日香港各大报章。

中央和绝大部分港人都愿意接受的特首普选方案，便是解决普选争议的"中道"。我个人相信，如果我们能够走上这条中道，普选方案的设计的困难问题最终应该得以迎刃而解。

我把这条道路形容为中道，其中一个考虑是想指出，一些比较偏激的道路是行不通的。举例来说，其中一条我认为过于偏激的道路是不理会《基本法》和有关人大决定的条文，而去追求一种被认为是最理想、最民主的普选方案，并坚持除非中央和特区政府接受这个方案，否则立法会便应对政府提出的方案行使否决权，就是所谓宁为玉碎、不为瓦存，宁愿政制原地踏步，也不作任何让步。再举另一个例子，就是我认为是过于保守的道路，认为为了避免一个并不"爱国爱港"的人在特首选举中胜出的"风险"，应该在提名特首候选人的制度中设计特别高的提名门槛，排除非"建制派"人士成为候选人的可能性。

以上这两种我认为是偏离"中道"的道路，可以分别称为"激进民主"的道路和"过于保守"的道路，但是吊诡的是，它们异曲同工，其实际后果都是导致香港在 2017 年没有特首的普选，全体香港选民在 2017 年参与普选特首的权利落空，中央政府关于 2017 年实现特首普选的承诺落空。在这两个落空的情况下，香港的管治将病入膏肓，可想而知。

反过来说，我认为最能符合绝大多数港人的利益和意愿的道路，便是一条中道或中庸之道。中道尝试兼顾国家主权原则和港人民主自治原则，在"一国"和"两制"之间找到适当的平衡点。就特首普选的模式来说，中道便是同时承认、平衡和尝试体现香港市民就特首普选的选举权和中央政府对特首的实质任命权，[1]并在普选制度的设计上，尽量保证香港特别行政区行政长官是一个中央和港人两方都信任和支持的人。我在2013年11月提出的特首普选模式的"折衷方案"，[2]便是从这种思维出发的。

政治是众人之事，从政者必须以社会所有成员的福祉为重。著名现代社会学家韦伯（Max Weber）曾经指出，适用于从政者的是"责任伦理"（ethics of responsibility）而非"信念伦理"（ethics of conviction），前者以从政者的行为的实际后果为其言行的评判标准，后者则以从政者的意愿或动机（其言行背后是否由善良的意念所驱使）为评判标准。作为香港市民的一分子，我衷心希望香港的政界人士能履行责任伦理，以大局为重，[3]以同时关注民主和民生的绝大多数市民的利益和意愿为依归，在我们即将到达的香港特别行政区历史的十字路口，作出明智的抉择！

（本文原发表于《青年研究学报》，第33期,2014年1月。）

---

1 陈弘毅:《香港特首普选问题的法律和政治考虑》,《紫荆论坛》,2013年9月,总第11期，2—11页。

2 陈弘毅:《探讨特首普选的折衷方案，尽可能寻求最大共识》,《明报》,2013年11月29日，A32版。

3 汤家骅:《大局为重》,《明报》,2013年11月8日，D7版。

香港特首普选问题的法律和政治考虑

陈弘毅

在 2013 年，关于香港 2017 年行政长官普选问题的讨论愈趋热烈，本文将就这个问题的若干法律和政治方面的考虑，提出笔者的愚见，抛砖引玉，希望各方有识之士多多指教。

实现行政长官的普选是包含于《中华人民共和国香港特别行政区基本法》的伟大愿景。《基本法》第 45 条第 2 款规定，"行政长官的产生办法根据香港特别行政区的实践情况和循序渐进的原则而规定，最终达至由一个有广泛代表性的提名委员会按民主程序提名后普选产生的目标。"1997 年香港回归祖国后，香港的政治体制和选举办法循着《基本法》规定向更民主的方向演进，例如立法会的直接选举议席逐步增加，行政长官的选举委员会的人数逐步增加，在 2010 年更引进了有三百多万选民可参与投票的五个"超级区议会议席"（即"区议会（第二）功能界别"）的直接选举。

考虑到广大香港市民希望中央订出实行普选的时间表的意愿，全国人大常委会在 2007 年 12 月作出《关于香港特别行政区 2012 年行政长官和立法会产生办法及有关普选问题的决定》（以下简称《决定》），其中提到"2017 年香港特别行政区第五任行政长官的选举可以实行由普选产生的办法；在行政长官由普选产生以后，香港特别行政区立法会的选举可以实行全部议员由普选产生的办法"。中联办主任张晓明先生在 2013 年 7 月 16 日参加与立法会全体议员午宴时的演讲中明确表示，"中央政府支持香港实现普选的立场和诚意是不容怀疑的。……我们迈向普选目标的起点和跑道是《基本法》和全国人大常委会的有关决定。"

正如政制及内地事务局局长谭志源先生在 2013 年 7 月 15 日会见新闻界时指出的，《基本法》规定的特首产生办法"有三个阶段：一个是提名，一个是普选，一个是任命"。目前比较多讨论的是提名（尤其是提名委员会"机构提名"）问题和任命（尤其是"实质任命"）问题，所以这两方面将是本文的焦点。至于"普选"，《决定》已经表明这是指"由香港特别行政区全体合资格选民"普选，相信这包括所有目前合资格参加立法会地区议席直接选举和区议会议席选举的三百多万已登记的选民，正如全国人大法律委员会主任乔晓阳先生 2013 年 3 月 24 日在深圳的香港立法会部分议员座谈会上的讲话（以下简称《讲话》）中指出，这个选举权是"普及而平等"的，"就是由全港选民一人一票选举产生行政长官人选"。

关于提名问题，乔主任在《讲话》中说，由于《决定》提到"提名委员会可参照香港《基本法》附件一有关选举委员会的现行规定组成"，所以他认为"提名委员会如何组成问题已经基本解决，……主要就是参照选举委员会由四个界别组成的基本要素，而在具体组成和规模上可以有适当的调整空间"。由"四个界别"组成提名委员会的构想反映中央一贯主张的保证均衡参与、兼顾各阶层利益的香港政制设计原则。《讲话》中关于提名委员会怎样进行提名的一段引起香港社会不少讨论："提名委员会提名与（目前选举特首的）选举委员会委员提名是不同的。……行政长官提名委员会按民主程序提名候选人与现行的行政长官选举委员会委员个人联合提名候选人，完全是两种不同的提名方式，……提名委员会实际上是一个机构，由它提名行政长官候选人，是一种机构提名。正因为是机构提名，才有一个'民主程序'问题。……选举委员会是委员个人提名，而提名委员会是整体提名，机构提名。"

如果我们细看《基本法》附件一第四条的条文（关于一定数目的选举委员会委员可联合提名行政长官候选人）并把它与《基本法》第 45 条第 2 款所用的文字（关于提名委员会按民主程序提名行政长官候选人）相比较，便会明白乔主任以上论点是有道理的。进一步的问题是，"机构提名"或"整体提名"加上"民主程序"是否意味着普选行政长官时的提名"门槛"一定会比现有制度下由选举委员会选举行政长官的提名"门槛"更高，或一定会有一个所谓"筛选"的程序，从而导致有"泛民主派"政治背景的人士无法成为行政长官候选人——虽然在2007年和2012年的特首选举中，每次都有一位"泛民主派"人士成功"入闸"，成为行政长官候选人。

对于这个问题，我的意见是，"机构提名"或"整体提名"加上"民主程序"有可能导致提名"门槛"的提高和"筛选"程序的引进，但并不必然导致这些后果，一切视乎关于提名委员会如何按"民主程序"进行"机构提名"的规则（以下简称"机构提名规则"）；换句话说，提名"门槛"的高低和有没有所谓"筛选"，完全决定于机构提名规则的内容。为什么我这样说？因为提名委员会（以下简称"提委会"）作为一个机构或整体，如何作出有效的提名，必须由机构提名规则作出规范，否则提委会是无法进行提名的。

举例来说，提委会作为机构或整体去提名某人作为特首候选人，是否需要提委会所有成员一致同意提名这个人作为特首候选人？很明显，这是没有可能的。那么，是否需要提委会过半数成员投票支持提名这个人作为候选人？如果机构提名规则这样规定，这便是需要的。如果提名规则进一步规定，提委会每一位成员只有一票（而成为特首候选人必须得到提委会过半数成员投票支持），那么提委会便至多只能提名一人作为候选人，市民普选特首便是等额选举。但是，也可能没有任何人获得提委会过半数成员支持，在这种情况下，便没有任何获机构提名参加普选的候选人。

我们可想象出很多套不同的机构提名规则，有些设立较高的提名门槛，有些设立较低的门槛。大致来说，这些规则需要处理以下问题或以下两个阶段的问题。第一，如何决定某人是否可成为提委会考虑提名的对象。我们可以把提委会考虑的对象称为"向提委会申请被提名成为特首候选人的人"（以下简称"申请人"）。第二，当有若干人根据有关规则成为"申请人"以后，提委会如何决定从各申请人中挑选出它提名作为特首候选人的人，这些人便是日后参加普选的"候选人"。

以下举一套可能的机构提名规则为例，以说明以上两个阶段的运作情况。在第一阶段，规则可以规定，任何人如根据香港法律有资格成为特首候选人（如《基本法》第44条规定的年满四十岁、在香港通常居住二十年、具香港永久性居民和中国公民身份〔例如持有特区护照者〕等），并得到提委会50名成员联合推荐（假定提委会全体成员为1200人，与现有的特首选举委员会一样），便成为（上述定义的）"申请人"。在第二阶段，规则可设立一套投票方法，去决定各申请人中谁会成为提委会提名参加普选的"候选人"。例如，规则可规定，提委会每位成员可投一票，任何申请人如获得提委会中的150票，便被视为得到提委会提名参加普选的候选人。在这个例子中，提名门槛便和现有的特首选举的提名门槛一样（即是委员会八分之一成员的支持）。

如上所述，机构提名规则所设定的提名门槛可高可低，高低门槛都可以符合《基本法》第45条第2款的规定。以下再举一个例子说明"高门槛"的情况。这个例子是，在上述第一阶段，有关规则和上一段所述的一样，由提委会50名成员联合推荐"申请人"。在第二阶段，规则规定提委会每位成员可投三票（三票必须投给不同申请人），获得最高票数的三个申请人被视为得到提委会提名参加普选的候选人。这是个较高的提名门槛，因为在"建制派"人士占提委会大多数、"泛民主派"在提委会属少数的政治现实情况下，"泛民主派"支持的申请人很难在提委会成员投票后成为候选人。当然，如果投票规则作出不同安排，"泛民主派""入闸"的机会相对来说便大很多。

现在让我们从"提名"的问题转到"任命"的问题。《基本法》第45条第1款规定，"香港特别行政区行政长官在当地通过选举或协商产生，由中央人民政府任命。"很明显，在某特首候选人在选举中胜出后，除非他被中央人民政府任命成为行政长官，否则他不能行使《基本法》中规定的行政长官的权力。《基本法》没有规定中央人民政府必须任命在选举中胜出的参选人成为行政长官，中央在这方面的任命权，应理解为"实质"（而非"形式"上的）任命权，即是说它包括不任命权。根据《基本法》第43条，行政长官"对中央人民政府和香港特别行政区负责"，而根据第48（8）条，行政长官必须"执行中央人民政府就本法规定的有关事务发出的指令"。因此，香港的行政长官必须是中央可以和愿意信任和予以合作的人，没有任何理由或法律迫使中央任命一个它不信任和不相信能成为合作伙伴的人成为香港特别行政区的行政长官。我相信这是广大香港市民会明白和接受的道理。

乔晓阳主任在《讲话》中指出，"香港回归以来，中央一直强调行政长官人选要符合三个标准，也可以说是三个基本条件：爱国爱港、中央信任、港人拥护。其中，爱国爱港、中央信任这两项标准，讲得直白一点，就是不能接受与中央对抗的人担任行政长官。"香港行政长官"不能是企图推翻中国共产党领导、改变国家主体实行社会主义的人"，"怎样判断谁是与中央对抗的人，……在普选行政长官时，首先是由提名委员会委员作出判断，……其次要由香港选民作出判断，……选民完全知道自己的利益所在，也会做出理性选择。最后行政长官人选报中央政府任命，中央政府会作出自己的判断，决定是否予以任命。"

乔主任在这里关于任命特首的说法反映中央一贯坚持的观点，就是中央享有对香港行政长官的实质任命权，包括不任命权。乔主任的讲话暗示，这个不任命权只会在一种相当极端的情况下行使，就是在香港特首普选中有与中央对抗的人不但被提委会提名成为候选人，而且在普选中胜出。有论者认为，与其要在这种情况运用不任命权并引致政治危机，不如在提名的阶段采用比较高的提名门槛，杜绝与中央对抗的人被提名为特首普选的候选人的可能性。我认为采用这种策略便等于放弃在 2017 年实现特首普选的计划，因为根据《基本法》附件一，任何特首普选（包括提名）的方案都必须得到立法会三分之二的议员的支持，而以香港立法会目前的政治构成来看，任何"高门槛"的提名方案都将被批评为"假普选"，是没有可能获得通过的（可参考 2005 年和 2010 年两次"政改"在立法会审议的情况）。香港近年来的政治气氛已经愈来愈差，市民的怨气较大，如果广大市民在 2017 年普选特首的希望落空，香港的管治危机将进一步恶化，政治和社会矛盾将进一步激化，不但其稳定繁荣会受到打击，广大市民对于中央对港政策的拥护和支持也可能大幅度下降。

因为担心选出与中央对抗的特首人选而不实行普选，可谓因噎废食。中央应对香港民意作出客观的研究和准确的判断，并在普选问题上订出能争取民心的方针政策。中央无需害怕大肆叫嚣的少数激进人士，但必须赢得大多数市民（包括是比较"中立"或所谓"中间派"的广大群众）的理解和支持。我个人的判断（当然不一定对，需要以实证调查验证）是，香港广大市民希望自己能投票选出特首，但大部分香港市民（包括"爱国爱港"人士、"中间派"人士和部分支持"泛民主"人士）会接受这样一个道理，就是不能强求中央任命一个与中央对抗的人成为香港特首，所以他们不会在普选中选出一个这样的人。他们也会认识到，如果真的选出中央不愿意任命为特首的人而中央行使不任命权，这样的政治危机对香港人没有任何好处，对中央和港人来说绝对是"双输"的局面。

一般来说，法律应写得尽量清晰明确，让公民有所预期，即是说，他们可预见他们自己的行为的法律后果，从而调整自己的行为。举一个最简单的例子，如果法律规定杀人者死，这条法律的作用不单限于出现了杀人的情况，同样重要的是它对于杀人这种行为发挥阻吓的作用，因为人们可以预期到，如果他们杀人而被发现，便要受死刑。如果这条法律充分发挥其阻吓作用，那么便不会出现需要执行死刑的情况。同样道理，在法律中明确规定中央在特首普选的情况下有不任命当选的候选人的权力，并向香港广大市民晓以大义，说明不能强求中央任命一个与中央对抗的人成为香港特首的道理，将对市民的投票行为产生重要的影响，就是让他们在行使投票权时意识到，坚持选出一个中央不愿意任命为特首的候选人，迫使中央行使不任命权，这将导致中央和港人"双输"的局面，绝对不利于香港的繁荣稳定，不利于港人的民生，不利于"一国两制"的成功实施。

因此，我们提倡在法律上明确中央对特首候选人的不任命权（包括修订现行的《行政长官选举条例》以规定在选举中胜出的特首候选人不被中央任命时如何处理，如何进行重选等）。主要目的不是（虽然这也是不任命权本身的逻辑）鼓励中央以不任命权来"对付"将来可能当选的特首候选人，而是向广大香港市民发出一个正确而重要的信息，就是"一国两制"需要一种平衡。在特首普选的情况下，这个平衡就是一方面香港市民享有选举权，另一方面中央享有任命权。我相信大多数港人会接受，香港特首必须是中央和港人两方都信任和支持的人，能在普选中选出这样的人，便是"双赢"的局面。我相信大多数港人会认识到，如果港人坚持在特首选举中选出中央不愿意任命的人，迫使中央行使不任命权，这是一种"双输"的情况，其代价必须由中央和港人共同承担。

换句话说，不任命权是一种保险的安排，广大香港市民一旦明白不任命权背后的道理，他们理应不会在特首普选中选出一个中央不愿意任命的人，而万一出现这种情况，中央便动用这个保险措施。还有的是，由于中央有言在先，已经表明它不会任命一个与中央对抗的人成为香港特首，所以万一出现需要行使不任命权的情况，不任命权的行使也会是在香港市民预期之内，不任命所造成的所谓政治危机或震荡应在可控制的范围之内。

乔晓阳主任在《讲话》中提到，"将来行政长官普选时，要一人一票进行选举，选民完全知道自己的利益所在，也会做出理性选择。"我个人认为，虽然香港选民在立法会的直接选举的议席的多次选举中，较多人支持"泛民主派"，但这并不意味着"泛民主派"在特首选举中将会有优势。根据"香港大学民意研究计划"的调查研究资料，在 2007 年特首选举举行前的最后一次民意调查（受访者被问到如果他们有权投票，他们将把票投给谁），受访者中愿意投票给曾荫权的有 81%，愿意投票给梁家杰的有 14%。在 2012 年特首选举举行前的最后一次民意调查，受访者中愿意投票给梁振英的有 35%，愿意投票给唐英年的有 19%，愿意投票给何俊仁的有 14%。此外，"香港大学民意研究计划"曾在 2012 年特首选举当天（3 月 23日）举行"3·23 民间全民投票计划"，投票者中投票给梁振英、唐英年和何俊仁的分别为 18%、16% 和 11%，弃权的有 55%。

我们也可留意区议会选举的情况。在 2011 年 11 月 6 日的区议会选举中，选民中有 50%（59 万人）投票给"建制派"的候选人，39%（46 万人）投票给"泛民主派"的候选人，10.7%（12 万 6 千人）投票给"独立候选人"。可以把这个选举结果与 2012 年立法会五个"超级区议会"议席（区议会〔第二〕功能界别）的选举结果比较：选民中有 45%（72 万）投票给"建制派"的候选人，51%（80 万）投票给"泛民主派"的候选人，4% 投票给"独立候选人"。在 2012 年立法会分区直选议席的选举中，选民中有 56%（100 万左右）投票给"泛民主派"的候选人，43%（77 万）投票给"建制派"的候选人。

从上述数据可以看到，"泛民主派"候选人并非在所有选举中都得到多数选民的支持，他们在不同的层次（区议会、立法会、特首）的选举中得到的支持度有所参差。比较有可信性的一个解释是，香港选民中大多数人（尤其是为数众多的"中间派"选民）的投票行为是理性和务实的，他们之中较多人在立法会选举中支持"泛民主派"，可能是因为立法会有反映民意和监察政府的功能，但香港并非由立法会议员执政。他们在区议会的投票行为，可能反映他们认识到区议会的功能是地区的市政事务，他们比较愿意投票给能在地区真正为居民提供具体服务的区议会候选人。至于特首选举，在上两次有"泛民主派"人士参加的特首选举的民意调查或模拟全民投票中，占上风的是"建制派"而非"泛民主派"，很可能是因为市民认识到特首人选最好是有在政府高层工作经验的（而非只是有作为立法会"泛民主派"议员的经验）和能与中央有效沟通、得到中央信任的。

在中央和有关选举法对任命权、不任命权等问题作出明确表示后，相信广大香港市民将会更为了解普选特首对于中央和香港特别行政区的意义，包括中央对于落实特首普选的诚意及其行使特首任命权时的底线，从而（借用乔晓阳主任的话）在"心中有杆秤"，在普选中行使其选举权时"有个衡量的标准"。我相信大多数市民不但会十分欢迎 2017 年特首普选制度的建立，也会明白和接受香港的特首必须同时得到中央和港人的信任和支持这个大原则。如果香港社会的主流政治力量能就这些问题——尤其是"提名门槛"和"中央任命权"的问题——形成共识，将是港人之福，因为在这样的共识的基础上，《基本法》所揭示的特首普选的伟大愿景便不再可望而不可即。

（本文原发表于《紫荆论坛》，总第 11 期，2013 年 9 月。）

香港民主政制发展的三大主流论说

王于渐[*]

　　全国人民代表大会常务委员会通过的政改架构引起广泛回响，各泛民政党及组织视之为有违民主与"真普选"原则。

　　人大常委会宣布的政改架构针对几项富争议课题，为香港政制发展提供一种论说。在我看来，这种论说符合《基本法》所包含的各种关键元素，体现 1990 年中央政府与港人通过人大立法而达成的协议。

　　是以我认为所谓北京政府未能兑现承诺、容许港人发展民主政制的指责，未免有欠说服力。各有关方面、团体在争斗过程中无疑都会极力互数不是，但在现阶段指控北京方面违背对民主承诺并无实质根据。当此之际，理应详加分析已宣布的政改框架，了解其中有何实质含义。

---

* 王于渐，香港大学经济学讲座教授，经济学家，曾任香港大学首席副校长。

四大价值　两大关注

迄今就我的观察所得，香港政制发展的论说有三种，分属不同政治团体及利益立场。在目前的历史关口，最终哪种政治论说成为主流实属未知之数。

1984 年《中英联合声明》正式签署之后，产生了两种关注，衍生出两种论说。不少论者担忧在本地民主政制发展的同时，香港一向崇尚的小政府、自由企业、公民自由，以及法治精神，都难免向民粹主义让路。"第一种关注"是民粹主义将冲击香港一直行之有效的制度。

"第二种关注"则基于中国并非实行民主政制和资本主义的国家，想必不会重视各项核心价值，于是忧虑此等价值变质。

至于上述四大核心价值哪一种最容易受到影响、哪一种最应捍卫，则属众说纷纭。对于上述两大关注，《基本法》条文在不同程度上都照顾到了，但没有归纳作统一处理。而《基本法》是港人所能寄望，而中央政府又愿意庄严承诺的最佳安排。

《基本法》中有关终审法院、行政主导政府、不容立法会议员提出具有财政承担的法案、坚守量入为出的理财原则、维持低税率，以及保持自由贸易的种种安排，都在某程度上反映

"第一种关注"。这些安排，事实上在于保障港英时期四大核心价值所系的关键因素。

论说一：捍卫价值　不靠民主

虽然不少倡议者认为民主政制对维护法治、自由企业经济，以及公民自由至关重要，但香港却能在缺乏自由政体，亦即欠缺民主政制的情况下，维护了昔日殖民统治遗留下来的四大核心价值，环顾世界各地可谓绝无仅有。

新加坡同样具备不少这些香港社会的特点，大抵程度有所不同而已。虽然新加坡推行普选制度已久，但政治实质上并不自由。从香港与新加坡两地政治可见，只要具备一套有效的法治制度，即使政治上缺乏全面自由，自由企业经济与公民自由亦有生存空间。

对于香港与新加坡的成功，一说个中原因在于两地同为小型开放式经济体，或谓香港所以如此，皆因其宗主国英国本身为自由政体，所以在其管治下仍具民主问责元素；但后者论调并不适用于新加坡，因为它是一个独立国家。

香港大部分人崇尚法治、自由企业经济，以及公民自由，而且亟欲在于香港回归中国之后继续维持现状。三十年前参与制订《基本法》的本地商界及各界专业精英，亦千方百计维护战后香港赖以成功的此等核心价值。

因此，香港一直在法治保障下得享种种自由，只有政治自由例外。部分论者甚至认为此一情况非属巧合；从西方经验可见，政治自由不一定能保障经济及公民自由，反而有蚕食自由及法治之虞。

此一政治论说预料民主政制势将引致民粹主义抬头，强化社会资源重新分配及政府规管，最终削弱经济及公民自由。一旦落得如此下场，小政府及自由企业经济亦会受到蚕食。

论说二：自下而上　缘木求鱼

另一种政治论说则主张香港走"自下而上"式民主政制发展之路；这派观点要求决策单以民意为依归，罔顾在"一国两制"下港人实非当家作主的事实。

部分"泛民派"认为，有关行政长官选举由公民提名，即使在大部分成熟民主政体中亦并不普及，却符合民主政制进程的整体原则。但基本上只有独立自主的政体，才能贯彻施行"自下而上"的民主政制发展模式。

"一国两制"是独一无二的政治安排；事实上特区行政长官往往处于面对着中央政府与香港市民两面不讨好的困境，政制安排若有欠周全，如此困境只会更易出现。西方以及日本资本主义民主政制发展所依据的民主政治原则，并不能直接套用于香港。

2005 年我出席一私人午宴时，宴会嘉宾新加坡内阁资政李光耀于席间被问到对香港政制发展的意见，李氏婉拒置评，并谓香港特区行政长官殊不易为，因为一人须事二主，又说所担当任务艰巨，只差没提到这是个不可为的任务而已。

论说三：不拘一格　转圜有望

此外，尚有第三种论说，其着眼点不在于香港能否在 2017 年推行"真正普选"，而在于随着本地社会日趋两极化，政治纷争会否更难化解。人大常委会宣布的政改框架因而令这派论者大失所望。

他们担心政治僵局将对香港未来的繁荣稳定带来种种恶果，希望能于 2017 年实现普选行政长官，深虑人大常委会宣布的政改框架未能为收窄政见分歧预留转圜余地，完成《基本法》"政改五部曲"的希望因而更显渺茫。

在这派论者心目中，取得 2017 年政改进展，是消除政制发展不明朗因素的重要一步，可望改善管治，重建政府施政能力，以化解近三十年来种种社经层面的深层次矛盾，从而维系香港长远繁荣稳定。政改一旦原地踏步，势将令香港在政治、经济、社会日走下坡。

在政改问题上持温和中间立场者，大都倾向支持第三种论说。不过，这派论者日益发现自处于"泛民"死硬派与"建制派"的政改主张夹缝中，他们既不拥护"自下而上"的政改方式，亦寄望未来民主政制能在毋须与中央对抗的情况下有所发展。他们相信"一国两制"只有在双方互谅互让的基础上方能实现。

虽然人大常委会宣布的政改框架限制重重，我仍相信温和中间派的希望仍有转圜余地，否则只会产生违反常理的后果，对任何人都没有好处；市民大众更会深受其害。纵然政改进程有违常理的情况时见出现，却也不应轻言放弃。事实上由于《基本法》早已设下界限，各种分歧意见与利益冲突均须共容在有限的空间之内。

过去三十年，随着社经矛盾日形恶化，意见分歧与利益冲突相继趋于严重。部分港人对政局已失耐性，逐渐倾向尝试以另类政治手法化解逐渐加深的社经矛盾。问题在于所谓另类政治手法是否合法，尤其是否符合《基本法》。

以公民提名选举行政长官是《基本法》以外的新创政治安排，修改提名委员会四大界别亦然。按照《基本法》规定，修改提委会三十八个分组界别及其组成方式，是通过本地立法进行。

社经矛盾日深，必须通过社经政策加以化解，为捍卫香港长远福祉，有助制订并施行此等社经政策的政改方案应获接纳；我们必能在《基本法》框架或人大常委会的决议中，找到容纳此等政改方案之处。

（本文原发表于《信报财经新闻》，2014 年 9 月 17 日。）

重拾政改动力，如期普选特首

王于渐

全国人民代表大会常务委员会"8·31"决议令我失望，在于我对眼前政局深感忧虑，恐怕香港也许从此失去 2017 年普选特首的机会。

本地社会急需政治改革以化解两大关键难题。首先，经济全球化与中国对外开放，导致香港产生深层经济及社会矛盾，解决之道在于制订一套完整而长远的政策，过程中意见分歧甚至争论不休，自是在所难免。《基本法》在某程度上固然可资参考，但不少议题既无明确答案，亦易招争议，未来特区政府的政策，恐怕减损香港赖以成功的核心价值。

其次，当前的政治僵局以及街头、立法会内的对峙局面，窒碍特区政府有效施政之余，更削弱其管治能力，严峻的形势在阻挠政府制订长远贯通的政策。议会中政治斗争不辍，使政府施政举步维艰，即使费尽心机或侥幸得以通过政策，也欠持

续性或流于零碎，以为民生攸关的议题在立法程序会得以幸
免，实属自欺欺人。

普选协议　解困契机

重建社会共识任重道远，普选是完成此一重任的唯一途径。
只有经过普选产生、向广大选民问责的特首，才真正有望凝聚社
会、消除纷争、打破当前政治僵局、解决香港社会及经济方面的
深层次矛盾。缺乏由普选产生的行政长官，香港社会将持续两极
分化。再将问题拖延到 2022 年甚或 2027 年，后果更是堪虞，政
治环境分裂只会愈演愈烈，徒然消耗更多时间及错失修复机会。

"政改五部曲"的首两部曲已经完成，随后两部曲如何落
实，如今至关重要，个中成败因素系于各立法会议员与政府官
员能否达成政治协议，最终协议若能符合相关宪制安排，理应
可获北京政府认可。

能就特首选举达成协议是重大成就，因为这不会只是单一
议题上的协议，政制其他方面的安排和时间表等议题也可能同
时达至共识。

重启政改　障碍重重

部分街头示威者与部分立法会"泛民"议员要求撤回人大

"8·31"决议，我认为既无必要亦不可行，这方面的理由分析，我在此不叙，只集中探讨目前如何继续推动政改五部曲。与其着眼过去，要求人大改变初衷，不如放眼未来，免得时间白白浪费，甚至进一步损害各方面的互信基础。

继续推动政改五部曲须有两大先决条件。第一，确定仍有足够空间让各方达成可接受的妥协方案；第二，政改方案错综复杂，关乎种种不同利益，随后的两部曲必须作出适当的制度安排，重建各方的互信关系，才可达成各方可接受的共识方案。

根据政改五部曲的构思，随后两部曲的主要推动者是特区政府，无奈政府与反对派之间的互信几近荡然无存，如此安排可说注定失败。哪怕反对派在立法会中取得超过三分之一的少数支持，亦足以在社会上营造浩大声势，任何政改方案未得其同意均难望通过。政改五部曲在眼前政局下前途黯淡，难望取得实质成果，更遑论可于2017年普选特首。

再者，要在短期内或稍后期间重新启动五部曲殊非易事，社会分化既已全面浮现，今后要重建共识无疑难上加难，管治社会更形荆棘满途，即使维系建制派阵营的边缘力量，也颇费工夫。

形势如此，政府为求化解深层社经矛盾，只好不断动员市民支持，硬销政策。政治不再以凝聚共识为目的，倒沦为政治斗争的一种工具，香港一直奉行的经济及公民自由价值备受打击，市民大众对此终会深感厌倦，以致民心涣散。

如何议价　方为"戏肉"

事实上 2017 年特首选举才是关键政治议题，当前主要矛盾不在街头示威者应否撤退，而在于政改今后何去何从。

即使人大"8·31"决议已成定局，香港仍然大有推动民主政改的空间。有关立法会改革的种种政治议题，至今仍未展开；特首选举提名委员会（除"四大界别"以外）的组成以及委员的产生办法如何，迄今并未触及；至于提名及选举程序的设计，各项有关细节尚待确定。究竟立法会改革与特首选举在具体安排及落实两者应如何配合和衔接，现阶段更完全未经考虑。换句话说，香港政制的民主程度要接近英、美制度，如今依然有空间。

反对派就公民提名及废除立法会功能组别所提要求，无非是在政治谈判中激进者的开价，其实在反对派内部亦不见得广受支持。当局至今只以法律理据作出反对，并无陈述政治理据。

在双方缺乏互信的大前提下，如何进行磋商？

互信荡然　重建有方

需要建构有主持的议价平台，政府应设立由社会上德高望重人士组成的委员会,就政改的大方向草拟建议书呈交政府,内容要符合宪制规范,并充分反映市民大众不同的政治要求,建议书将公开。在展开政改五部曲下一阶段之前,委员会应完成有关任务。

此一委员会虽然任重难当,却可以具备获各方面以及中央政府信任的优点。政改任务从来繁复艰巨,政治龃龉亦因社会上利益矛盾及要求各异而难以化解;解决之道既不在电视直播辩论,更不在公然违法及违抗法院颁令的街头抗争行动。

街头"占领行动"旷日持久,难免动摇法治与社会伦理的根基。占领者表示事后将甘愿自首接受法律制裁,纵然其志可嘉,但以专重法治精神作为社会道德基石已受损毁则是不争的事实。

双方必须重建互信,深信至今仍大有余地在过程中引入民主政改元素,从而完成政改五部曲。

力拒政争　自求多福

政改影响 2017 年特首选举及 2016 年立法会选举,无论对香港人抑或是中央政府都极其重要。

今时今日,香港要推动民主政制发展,实无需采用对峙式政治,可惜作为政治冲突的一种形式,政治斗争在中国近代史上的梦魇效应却始终未止息。经历过"文化大革命"的北京政府，深明政治斗争贻害之深，只是旧习难除，历史噩梦不断重演，如今政治斗争竟又现于香港社会。

香港绝不应将政治斗争引进政治生态之中，民主发展须以包容及共识为基础，本地政治生态亦不应由"泛民"运动中的激进作风和思想所主宰。号召立法会中的"泛民"议员集体请辞，以期触发又一次所谓"公投"而令政治斗争升级，实无必要，反会破坏政治协商前景，而"占领行动"至今所得到的支持也会因民心背向、社会进一步分化而烟消云散。

香港特区政府当务之急，必须为求完成政改五部曲而展现出诚意与承担，以竟全功，这对香港和中央都有利。

（本文原发表于《信报财经新闻》，2014 年 10 月 29 日。）

民主，没有最终点

董建华*

日前，全国人大常委会通过了有关香港特别行政区行政长官普选问题的决定，确定了香港从 2017 年开始，实行一人一票普选行政长官的民主目标。我支持这个决定，我看到许多香港市民也支持这个决定，其实这是我们香港市民共同的愿望。

与此同时，我也看到"泛民"的朋友对这决定表达了失望和不满的情绪。他们的感受，我清楚了解。我亦明白，他们表达的，是来自内心的。而我今天同大家讲的，也是来自我心底最诚恳的话。

在 1997 年，一个由 400 人组成的选委会，选我作为第一任行政长官。其后，选委会由 400 人，增加到 800 人，然后再增加到 1200 人。每一次，我们都朝着民主进程，跨出重要

一步。

到 2017 年，我们不只是跨出重要一步，而是开拓全新的历史，由全港市民一齐开拓波澜壮阔的历史。因为到了 2017 年，全港 500 万选民都会一齐投票。全港 240 多万个家庭里面，每一个家庭，都有成员有权投票。

由 1997 年前英国空降港督来香港，到 2017 年全港 500 万选民一齐投票。短短二十年之间我们作出的民主进程，浩浩荡荡、光辉灿烂。这些成果，是香港市民努力的成果，亦是国家对香港民主诉求的积极响应。

今天，当我们正要作出香港开埠 170 多年来最大的民主跨进时，我们怎可以选择原地踏步，使我们的民主进程，到此为止？由 500 万选民一人一票选出特首，是实质的民主，货真价实的民主。而且这个不是终极方案。2017 年之后，如果我们要进一步完善我们的民主制度，基本法是有机制和空间让我们去继续前进的。

香港人政治触角敏锐、思想成熟。不论是支持"建制"或支持"泛民"，大部分人都是温和、理性的，而且大部分是爱国爱港的。每一个爱国爱港的人才，都可以用你的理念、抱负、才能，去争取提委会的支持，参加 2017 年的特首选举，然后让全港 500 万选民去决定，由哪一位候选人出任特首，带领香港。

民主，没有最终点；争取民主，亦非改善民生的全部。我呼吁全港市民，大家携手，将一些负面的情绪，化为正面的能量，在人大决定的基础上，商讨和落实各项选举安排的细节。我坚决反对"占中"，因为"占中"是违法的。但我确信：参与"占中"行动的人，不乏是爱护香港的。我也确信：大家虽然意见不同、立场有异，但大家的内心是一样的：大家都想香港好。我呼吁他们不要做违法的事。

我不赞成学生罢课。但我确信，准备参加罢课的学生，是热爱香港的。我们的学生有理想，有热诚，有年轻人的纯真和冲动。我们也是父母，我们要爱护他们，珍惜他们。他们也是想香港好。我呼吁全港的老师、家长、学生：大家一齐爱护学生，守护学生的核心价值观，不要影响学习。

既然香港是我们共同的家，我们一定要合作；我们亦只能合作，因为携手合作是我们唯一的出路。我们要争拗、内耗到几时才停？为了我们的下一代，我们要将抗争行动的精力、创意，投放在人大颁布的决定的基础上，去完善特首选举制度的细节。两年半之后，香港 500 万人齐投票，240 多万个家庭齐参与，做好香港，让香港再成为我们集体的骄傲。

（本文为董建华先生 2014 年 9 月 3 日记者会上的发言稿。题目为编者所加。）

讨论普选，回到理性务实才有出路

董建华

各位，多谢你们抽空出席，我上次跟你们说话是在 9 月 3 号，3 号以后香港发生了很多事情，现在"占中"已经是第四个星期了，很多比较负面的影响正在出现，形势使我必须担心，所以我想跟大家见一个面，说几句。

首先，我想和参加"占中"的同学们说一下，他们的诉求我听到了；他们表达的不满，我感受到了。政治改革是当前香港一个大问题，同学们关心，市民关心，大家都关心，特区政府也很关心。毕竟，在这个问题上，同学们的立足点和特区政府以及和北京是不一样的，要解决这个问题，不能够（只靠）激情以及理想，一定要回到理性和务实（的态度）去讨论，才可以找到一条出路。

今天我想就几个关于普选相关的议题和大家说一说我的看法。

首先，关于同学们就民主的诉求，我完全了解，他们的目标，我是认同的，谁不想有一个更加民主的社会呢?

但是同学们应该明白，违反《基本法》、违反人大常委会决议的公民提名，是无法做到的。即使没有公民提名，我们一样可以有民主，西方不少民主国家也没有公民提名的，你们知道吗?

同学们，坚持要有公民提名才能符合国际的标准，可能是一个误会，事实上，世界上是没有一个国际的标准，在提名候选人的这个选举过程内，是没有这样的国际标准的。

我希望同学们客观地将我们的提名程序和其他西方国家初选的提名程序，做一个比较，让我来告诉大家，你们可能不相信，所以我希望你们自己去做比较，我相信你们会发现，我们这个提名的过程的民主程度，相比之下是可以的。无论如何，我们是在"一国两制"下发展民主的，即使有国际标准，也不适用于香港。

如果在 2017 年可以落实普选，每一个参选人，每一个候选人，都要以他自己的施政理念去赢取提委会的支持，赢取你们手上的一票。

那么，你们想一想，一个由全港五百万选民投票选出的特首，怎么可能不是以民意为施政唯一规范?

而且，2017 年的普选并不是一个终点，而是一个开始，一个起步点。事实上，基本法里有机制，让香港的民主不断发展，最终达到更加完善的目标。因此，无论从选举的过程，以及选举的结果来说，2017 年的特首选举都是货真价实的民主选举。如果同学们坚持到底，不接受我们先踏出普选的第一步，那么到 2017 年，我们特首依然是由 1200 人组成的选举委员会来选出的。

这样是谁的损失呢？是我们所有香港人的重大损失，我有时听到同学的说话，将特区说到一无是处，而且是没有信心的。大家相信没有普选，什么问题都解决不了。你们说过的，你们说了很多，我听了很多声音，我也很了解，现在香港社会存在很多的问题，我是知道的。

一名年轻人就算有了大学的学位，就算多努力的工作，一生之内要有足够的钱去买楼，可能会有困难，就算有了大学学位，也看不到向上流动的机会，看不到出人头地的一天。同学们觉得社会太不公平了，贫富过分的悬殊，对于弱势群体照顾不足，医疗服务有短缺，百姓负担会增加，大家希望有一个更加公平、更加公义的香港。我对这些诉求是认同的，是支持的。

我想大多数的香港人也有同感，但是，我可不可以说几句公道的话？梁振英特首领导的特区政府，在上述很多地方都已经做了大量的工作，我觉得他没有忽视同学们以及市民的诉求，没有忽视大家的诉求。

根据我的观察，有部分的工作需要较长的时间去推动，因为这些是长期的累积的问题，第二是因为解决这些问题，要经过细心的详细的社会咨询，取得社会的共识。政策的制定以及落实都需要比较长一点的时间。

但相信有了决心和共识，一定可以造成共赢。你们的呼吁，学生们的呼吁，发生了正面的效应，会逐步见效。就拿最近一年来的情况来说，香港在 2013 年经济增长 4.8%，基本上全民就业，比欧美大国的情况是好很多的。

与此同时，政府提供的国际水平的教育、医疗等方面的服务，是很好的。在这样的服务之下，政府抽的税是 15%，是全世界最低的其中一个。香港也是一个有良好社会安全秩序的城市。不但如此，香港高度的自治以及法治是其他地区很羡慕的。

如果全球选 10 个最成功的城市，我相信香港大概会名列前茅。我觉得对政府的努力，大家应该给政府肯定，关键是我们要合力在现在的基础上更上一层楼，使我们这颗东方明珠永远闪亮。我相信我们有一个共同的意愿，解决这些老百姓关心的问题。

正因为如此，我对"占中"是很忧虑的，"占中"刚开始的一段时间内，大家不会感受到在经济方面有太大的负面影响。

现在"占中"持续第四个星期了，我有一些令人担心的初步（统计）数据。有业界人士跟我说，香港的酒店订房最近已经是跌了 20% 到 30%，信用卡的消费也跌了 20% 至 30%，这些跌幅是相当惊人的，更加令人担心的是，这个下跌并非是一个平稳的下跌，而很可能是像高山滚石一样越跌越急。

20 至 30 个百分点，不仅仅是一个数字，而是成千上万香港人的生计，而这些影响，现在只是刚刚开始。我做过生意，现在是一年之内各类企业和公司规划明年业务的时候。如果"占中"持续的话，很多明年加工资或者招聘人手，或者是增加投资，或者是买一些机器、写字楼要用的一些设备的企业，现在都会采取一个比较观望的态度，按兵不动。有一些企业可能本来会来香港设立亚太区的写字楼，或者会来香港投资，我相信他们都会采取观望的态度。你们可能不知道，我的性格是比较平和比较保守的，不会危言耸听。但我今天的确是非常的忧虑，"占中"引发的严重程度会超出我们的想象，而最终要埋单的是香港的普罗市民。

"占中"已经四个星期了，市民的生活以及生计都受到了严重负面的影响，占领香港以及九龙的主要道路是违法的行为，香港多年来的成就一直是依赖法治，坚守法治是我们大家共同的底线。10 月 8 日，大律师公会公开说明"占中"是违法的。

香港高等法院在 10 月 20 日发布了禁制令，禁止占领旺角以及金钟一些道路，继续占领港九主要道路是藐视法庭的行为。对于有一些参加"占中"的市民来说，今天争取普选是大是大非的事，所以法治只是次要的。我听了这些言论之后，实在是感到非常的担心。

法治是香港成功的基石，是民主发展的一个核心价值，我们怎么可以将法治放在旁边不理它？同学们为坚持公民提名而继续留守原地。但大家有没有想到，民主最重要的基础就是法治。

我们怎么可以在争取民主的过程中，做违法的事情呢？这些绝对是不能要的，特别是按照现在的安排，我们在2017年的时候，是可以做到货真价实的普选，只不过开始的时候没有我们想象的那么完美。

"占中"还有一个后果，就是严重撕裂香港的社会，"占中"多一天，香港撕裂就会多一天。其实民主的成功是靠互相的尊重，靠法治，也要靠大家的宽容以及妥协，接受不同的意见。今后怎么样重新团结香港，也需要大家更大的努力。

我也担心，最近街头占领的行动已经开始变质，旺角已经受到品流复杂的分子渗透，所谓和平"占中"已经不存在了。

总之，"占中"严重影响市民的生活和生计，导致经济下滑，社会撕裂，治安受到冲击，投资者的信心受到打击，就业机会减少。这些后遗症不仅仅是报纸和电台上的新闻，而且是实实在在地蚕食了香港人的福祉。

"占中"如果持续下去的话，对香港长远的发展，负面影响实在是不堪设想。对我们国家来说，占领行动无可避免地影响了我们和内地的关系，没有国家做我们的后盾，我们不可能有香港繁荣的今天，也无法预计明天是怎么样的。

回归的时候，香港的GDP是国家的16%，今天我们的GDP是国家的3%，重建中央与香港的互信是当务之急，这个责任要落在我们的身上，现在形势逼人，时间催人。在这个严峻的情况下，全港市民，包括我在内都很高兴看到一线的曙光，看到学生和政府展开了对话。文明多元的社会解决争拗的方法，不是在街头，而是在对话；民主的生活应该捍卫民主，而不是破坏民主。否则，没有看到民主就已经摧毁了法治，难道这个是我们想看到的结果吗？

大家从电视上都可以看到，透过和平理性地对话，大家互相了解，更进一步，政府其实是很善意地提出，愿意向中央提交一份民情报告，也建议为2017年以后的民主发展，成立一个多方交流的平台。我觉得这些提议是有建设性的，以及有善意的，我衷心希望同学们能够把握这个机会，与政府保持对话。

最后，同学们，我衷心呼吁你们，"占中"不应该做谈判的筹码。有崇高理念的同学们不应该这样做，我希望同学们能够放下情绪想一想，把争取普选的目光放得远一些，选择现在中止占领行动，以和平理性的方法来追求你们的信念，让普选逐步在香港落实，以及完善。

香港是属于我和你们的，香港是属于你和我。同一屋檐下，只要大家携手努力，一定可以开创一个更加美好的香港！同学们，我希望你们愿意听一听我这个老人家说的这番话。

（本文为董建华先生2014年10月24日所发布的声明。题目为编者所加。）

政改应先实践再检讨

谭惠珠 *

三哥：

你的孙已经放暑假，而我仍来不了温哥华，就是走不开。香港已经是炎炎夏日，而这个夏天不会短。

香港政府就 2017 年行政长官普选问题的咨询报告在 7 月 15 日公布。全国人大常委会相信会在 8 月底如期作出行政长官能否和如何普选的决定，"占中"行动已箭在弦上，可能在常委会的报告出现后就会发生。而人大常委会张德江委员长在百忙之中，到深圳会见了多批香港"建制"人士及社会各界知名人士，听取意见，前后用了 5 天时间，可见由中央到香港对如何解决这个问题非常关注。我感到委员长南下带出的信息有三点：一、中央坚定不移地贯彻落实"一国两制""港人治

---

* 谭惠珠，香港特别行政区基本法委员会委员，全国人大代表。

港""高度自治";二、坚定地支持香港民主发展,行政长官须爱国爱港;三、特首普选必须按《基本法》和人大常委会的有关决定,在循序渐进符合香港实际情况下进行。

8月底好快就到,本来不愿意与中央沟通的立法议员要尽快掌握这个时间狭缝,和中央寻求沟通和共识。我没有资格给他们什么意见,但在联合声明的讨论和起草《基本法》时汲取了一些经验可以分享。

香港的政制是家内事,1983年英国前首相戴卓尔夫人访华,已知道中国要收回香港,设立特别行政区,实行港人治港,英国不能主权换治权。香港现已回归,"一国两制"要符合中国主权,亦不可以被外国力量左右香港的管治。

普选会按原轨道进行,在起草《基本法》的时候,总共有59个草拟委员,香港只占23个,而每一个《基本法》条文都需要2/3的票数,即39票才能通过。现在《基本法》第45条,即容许香港最终达致普选行政长官,和第68条立法机关最终达致全部由普选产生,这些条文假如没有内地草委的支持,根本无法通过。这表示当时中央已支持香港要达致普选。

2007年人大常委会决定我们在2017年普选行政长官,我们亦造就一个环境,让它如期依法地把选票送到香港市民的手里。

我们都不愿见到"占领中环"的发生,但亦不要因此丧失对香港的信心。

　　我自己亲身的经历：1983 年在中英谈判停滞不前时，9 月 16 日港元兑美元是 9.6 元；9 月 24 日黑色星期六，香港的超市被抢购一空；导致在 10 月 17 日，香港政府决定以 1 美元与 7.8 港元挂钩。当时新加坡在香港招聘人才，给予移民的机会，在展览会场的展板，被蜂拥入场的港人推倒地上。人心惶惶的年代已经过去，现在的香港却是很多西方社会羡慕的地方。

　　我看香港像一个浮在水面的球，把它按下去，一放手，又弹回水面，所以有信心香港会达成普选，只要大家不泄气。现今中国内部正在肃贪、政府职能要转变、经济结构要转型、南海太平洋被围封，虽然已经有 4 亿人民脱贫，但仍有 4,000 万尚未脱贫的人的生计要照顾。担当这个"家长"非常不容易，但对香港普选行政长官的诉求，绝没有忽视。

　　我认为政制原地踏步绝不可取。原地踏步，立法机关的普选也会遥遥无期。能够让登记了的选民一人一票选行政长官，是缔造历史跨出去的一大步，每一个候选人都要争取选民的支持，不再只停留在向一千多人争取选票。香港的政治生态一定有改变，向着群众的意愿走，更紧贴民意，这不就是有强烈民主诉求的人所想见的改变吗？

　　有普选是否就万事大吉，此刻无人可料。香港会否变成蓝对绿、红对黄的斗场，抑或有一个群众支持的行政长官带领一个更有信心的政府，有一个改善了的行政立法关系去追回以往蹉跎的岁月、各种发展停滞不前的政绩，谁都不能预料。唯一的答案，是先实践再检讨。或是说："摸着石头过河，实践才是硬道理。"

中央、香港政府和广大市民都期盼着 2017 年可以普选行政长官，只要大家求大同、存大异，就可以既有循序渐进的民主，逐渐改善的普选制度，亦有余力去发展经济，勿让政治争拗消磨尽我们的精力和时间，我相信这是广大市民最大的心愿。

三哥，炎炎夏日终会过，我一定会和您的孩儿一齐庆祝圣诞，请保重！

Maria 上

2014 年 7 月 26 日

（本文原发表于香港电台之"香港家书"，2014 年 7 月 26 日。）

"民主程序"有广阔的空间

曾钰成 *

《基本法》第 45 条规定，行政长官由普选产生，行政长官人选由一个有广泛代表性的提名委员会按民主程序提名后普选产生。

按人大常委会的"8·31 决定"，提名委员会和现有的行政长官选举委员会一样，由 1200 人组成。两个委员会的构成和产生办法相同，但职能不一样。

在现行制度下，1200 人委员会从一个已经"入闸"的名单中，选出一人"出闸"，成为行政长官人选，交中央政府任命；广大香港市民没有参与选择的权利。这现行办法可以叫做"一人出闸方案"。

在按"8·31 决定"改革后的制度下，1200 人委员会从已

---

* 曾钰成，香港特别行政区立法会主席。

"入闸"的名单中选出 2 至 3 人"出闸",成为行政长官候选人,交全港合资格选民从中选出一人为行政长官人选,然后由中央政府任命。这可以叫做"多人出闸方案"。

两个办法中的"出闸"门槛是一样的:现行制度规定,须获得 1200 名委员半数以上的支持,才可当选为行政长官人选;"8·31 决定"同样要求,须获得 1200 名委员半数以上的支持,才可成为行政长官候选人。

"入闸"门槛方面,现行的"一人出闸方案"中规定为选举委员会的 1/8,即任何人获得不少于 150 名委员的支持,便可入闸。"多人出闸方案"的入闸门槛,"8·31 决定"里没有规定,特区政府可在第二轮政改咨询后提出建议。不论这门槛有多高或多低,都不会违反"8·31 决定"。

怎样保证新制订的"多人出闸方案"比现行的"一人出闸方案"进步呢?第一,新方案必须有较低的入闸门槛,起码不应高于现行方案规定的全体委员的 1/8。第二,若干人获入闸后,应像现行方案一样,可以立即展开竞选活动,各自发表政纲,公开辩论,接受质询,不但要争取提名委员的支持,同时也要赢得广大香港市民的拥护和中央政府的信任。经过充分时间的竞选活动之后,才进行出闸遴选。

人大常委会的决定,给设计行政长官候选人提名的"民主程序"留下了广阔的空间。以上完全符合"8·31 决定"的方案,不但程序上包含了很大的民主成分,而且实际上令提名委员会不能轻易拒绝赢得港人拥戴的人成为候选人，任意对他们落闸。

（本文原发表于《am730》，2014 年 11 月 3 日。题目为编者所加。）

解放思想　共同前行

曾俊华[*]

　　8月31日，人大常委决定从2017年开始，行政长官可以由普选产生。市民实时的反应有很大的差异，有人认为人大常委的决定是"落闸"，有人觉得是"开闸"；有人希望方案通过，有人坚持否决方案。每一位市民作为一个独立的个体，追求普选的步伐不一、执着理想的程度不同，对人大常委的决定有不同的反应，无可厚非。

　　但是作为一个群体，我们必须共同决定是要在政制发展的路上向前迈步、还是原地踏步。除了考虑自己个人的信念，我们也须顾及其他个体的想法和意愿。群体内对政改方案有不同的意见，我们不应只靠"斗人多"，更不能"斗大声""斗大力"，而是应该顾及彼此的关注，凝聚最大的共识。

----

[*]　曾俊华，香港特别行政区财政司司长。

我认为其中一个思考角度是考虑对方有否替代方法：如果方案得到通过，倾向否决方案的朋友，有没有其他方法表达对制度的不满和不信任呢？另一方面，如果方案被否决，倾向通过方案的朋友，有没有其他方法弥补失去的投票权呢？如果我们愿意顾及群体内其他个体的得失，相信不难找到共识。

在我个人而言，我希望政改方案得到通过。我认为如果五百万合资格选民能够以一人一票的方式普选特首，候选人必然要直接向全港市民问责。相对现时选举委员会的选举办法，普选方案肯定是一大进步，不是"鸡肋"。有朋友认为接受方案会令当选人得到"假授权"，他们似乎"信不过"数以百万计的香港市民的选择。

我担心丧失今次机会，5年后，香港将要重复今天的争论，很大可能同样未能取得共识，重复今天原地踏步的结果。把握今次机会，5年后，即使选举制度没有改变，市民仍可以从第一次普选特首的经验学习，思考如何在下一次选举产生更切合自己意愿的行政长官。

有市民透过电邮问我，面对当下的局面，如何实践我在之前网志中提及"解放思想"的第一步，即是不要被固有的思考模式束缚，要寻找解决问题的新角度。坦白讲，我目前还未看见明显可行的出路。

容许我在这里分享一个"解放思想"的故事，希望为大家带来一些启发，集思广益。

　　1912 年，美国总统选战到了最后的关键时刻，老罗斯福（Theodore Roosevelt）的竞选团队印制了 300 万份宣传单张。在团队派发单张前，工作人员发现单张封面罗斯福相片的版权属于独立摄影师 Moffett。由于时间紧迫，团队赶不及重印 300 万份单张。如果没有得到 Moffett 同意而使用该照片，团队将面临高达 300 万美元的罚款。在 100 年前的美国，这是天文数字。Moffett 当时正面对财政困难，即使与他洽购使用权，他也肯定会索取天价。

　　工作人员无计可施，向竞选经理 George Perkins 报告。Perkins 向 Moffett 发电报："我们打算派发 300 万张以罗斯福相片为封面的单张，对相关的摄影师有很大的宣传作用。如果我们选用你的作品，你愿意付我们多少钱？请即回复。"Moffett 很快回答："我愿意付 250 美元。"Perkins 也实时接受，成功化解这场危机。

　　这是我在哈佛肯尼迪学院攻读公共行政硕士时期，在谈判课上讨论过的一个经典案例。我记得当年在课堂上，有同学为 Perkins 这个"妙计"喝彩，也有同学认为 Perkins 欺骗Moffett，令 Moffett 损失了"赚大钱"的机会。但细心想想，如果竞选团队没有犯错，事先处理好版权问题，Moffett 根本没有这个"赚大钱"的机会。

　　我认为 Perkins 成功化解危机，因为他看到在选举单张上用 Moffett 的作品，对 Moffett 也有好处。这个"双赢"的本质其实非常明显，但其他工作人员可能因为急于弥补团队的错失，忽略了这一点。很多时候，我们会不自觉地被"零和游戏"思维束缚，忘记寻找"做大个饼"的机会。要在"零和游戏"中争取较大的份额，当然会是困难重重。如果我们换个角度分析问题，有机会找到大家都得益的"双赢"办法。

政制发展关乎全港市民的福祉，当然是头等大事，但我们也不能把所有精力放在政制争拗上。我和同事会继续紧守岗位，推动各项经济民生工作。例如过去这个星期，当大家的焦点集中在政改上，金管局的同事正奔波于中东、东南亚、伦敦和纽约，为我们首次发行伊斯兰债券举行路演。

10月初，我在美国访问，6天的行程遍及纽约、波士顿、华盛顿三个东岸的主要城市。除了参加中国代表团出席国际货币基金组织和世界银行的年会外，还有20多项活动，包括拜访美国联储局主席耶伦、司法部长霍尔德、麻省州长帕特里克、彭博集团总裁及前纽约市长米高彭博等美国政府高层和商界领袖，并在多个场合向智库、商界朋友、大学生发表演说。

我在这次访美行程中会面的，很多是关心香港的美国朋友。他们对香港的经济前景、营商环境很感兴趣，尤其羡慕我们3.2%的失业率，和在简单低税率下，仍然达到收支平衡、甚至获得盈余的财政状况。他们也很期待沪港通正式启动，认为这是国家经济金融改革的重要一步。

他们也很关心"占中"示威的情况。他们从电视上看到数万人的大型集会，虽然出现过一些较激烈的冲突，却在短短数小时内恢复平静，没有人严重受伤、没有纵火、没有破坏，在美国几乎是不可能想象的，反映香港警方和示威者都非常克制。虽然道路阻塞令很多其他市民不便，但市民整体非常包容，展示出香港社会高度文明和尊重言论自由。有些美国朋友更表示，从这次事件中，他更肯定看到"一国两制"成功落实。

他们问我事件将会如何发展下去，我很坦白地说我也不知道。我只是尝试令他们明白学生示威的诉求和背景。根据《基本法》，行政长官选举办法的改变，需要三方面的共识，即人大、行政长官和立法会三分之二的多数同意，才可以得到通过。人大和行政长官已经同意 2017 年可以由 500 万选民以一人一票方式，选举行政长官。现时的争拗点是在提名程序上，示威学生希望争取更开放的提名方式，不希望由 1200 人组成的提名委员会决定候选人名单，否则宁愿原地踏步。

学生的诉求可以理解，也得到一些市民的认同，但社会上同样有一些市民认为必须尊重人大常委的决定，先落实"一人一票"选举行政长官。社会因此出现两极化，支持和反对学生诉求的市民都不是小数目。这几个星期，大家都遇到家人、朋友、同事间，因政见不同而有激烈的争执，甚至 facebook 上也出现一阵阵的 unfriend 潮。所以，我们除了要处理现在实时面对的问题之外，更加要思考示威过后、社会两极化的问题，希望大家可以放下个人立场，共同化解今次的困局。

　　我希望大家平心静气地听听不同意见朋友的声音，很可能会发现对方也有道理，原来政改问题并不一定是一些朋友口中"大是大非、非黑即白"的问题，也许更接近是理想与现实之间的取舍。政改要向前迈进，须要社会广泛的共识，单靠任何一方并不足够，今天是这样，5年、10年后仍是这样。所以我们不应视不同意见人士为敌人，反而应该争取他们支持，视他们为合作伙伴，否则政制发展永远不能向前走。

　　示威同学已经成功地透过占领干道，把他们的信念和信息深深地刻画在每个香港人的脑海，包括与他们意见不同的香港人。我认为他们是时候离开街道，让社会恢复正常运作，让市民和自己回到正常生活。否则如果事件继续拖延下去，社会矛盾会更加尖锐，万一出现严重事故，对香港的冲击将会很猛烈，恐怕我们建立多年的"城墙"，也未必可以抵挡得住。民主制度的建立原可以巩固我们的"城墙"，但以先破坏后建设的方式追求民主，最后可能会得不偿失。

　　除了政制发展外，政府还有很多工作要做。我参观麻省理工时，负责人为我们介绍了多项研究中的未来都市技术，包括适用于细小单位的室内家私系统，可以随时改变单位间格，增加可用空间；共享无人驾驶电动车系统，电动车与交通指挥系统互相协调，既可避免碰撞，同时提高路面使用效率，大幅减少车轮需求；利用三维扫描技术，读取都市模型数据，可以实时仿真城市规划改变带来的影响；在高楼大厦利用湿气和发光二极管在室内耕种蔬菜，可以在相同空间大幅增加蔬菜生产量，同时减少食水和能源消耗等等。我已请相关部门与麻省理工联系，寻找合作的机会，引进部分合适技术。

　　我也呼吁示威同学不要把所有精力放在政制争拗上，香港在其他方面的建设也需要你们的参与和坚持。

　　（本文原发表于《香港特别行政区财政司司长——我的网志》，2014年9月7日、10月12日，版权属香港特别行政区政府。收入本书时略有改动。）

不需完美，也可精彩

林奋强 *

今年是诺曼底登陆的 70 周年。刚举行的纪念仪式中，主角都是年近百岁的老兵。被访时他们都说纵使当年只是二十来岁的小伙子，冒着枪林弹雨，天天出入鬼门关，见尽同袍、平民被炸得支离破碎、血肉模糊，却从不觉得自己是英雄，一切不过是尽责而已。1998 年上映叫好叫座的《雷霆救兵》(Saving Private Ryan)，主角 Captain John Miller 临终前对他营救的 Ryan 说："Earn this"，意即要他尽心尽力"赚"来这个由一众战友的性命换来给 Ryan 的生存机会，绝不能枉过此生。电影结尾，老态龙钟的 Ryan 远渡重洋，带着膝下儿孙到 Captain Miller 在诺曼底的墓前，问妻子自己是否是一个好人，是否称职，有否过了有用的一生。

---

* 林奋强，香港黄金五十创办人之一，特许会计师。曾任瑞银环球资产管理董事总经理，香港特区行政会议成员。

我们现在享有的一切，其实也是第二次世界大战 2100 万士兵和近 6000 万平民付上生命换来的生活。所以，我这代二战后出生的婴儿潮，也应自问有没有枉费了我们最伟大一代（在二战和内战丧生的近 2000 万国民，与在极端艰苦中"活着"，远走他乡到香港新土壤扎根，现在已年届八十的长者）为我们作的牺牲。到底，我们有没有"Earned this"？更重要的是，"中坑"一代有否领会到诺曼底老兵所言"他们并非英雄，只是尽责"的情操？最伟大一代含辛茹苦养育我们，也只是觉得为子女付出是天经地义。故此，正享受前人种树的中坑一代也应思考，我们给 80 后的支持是否足够？早前我招聘研究员时问应征的 80 后两个"爱的问题"，以 100 分满分计，（1）你爱你的父母多少？（2）你爱香港多少？平均答案分别是 60 分和 100 分，即是爱港远多于父母。

这个令人诧异的结果，我有两个看法：（1）"中坑"一代亲历最伟大一代饱经煎熬、资源匮乏中也平均养大了 6 条化骨龙，自也会同样付出 unconditional love 给 80 后孩子。假以时日，当孩子多见了有条件的爱时，自会明白父母的"可爱"；（2）现在香港年轻人似乎每事都要 perfect 才开心—4000 万旅客有几个小孩清洁有问题就全盘反对；普选本可以走出最重要的第一步，但因不是一步登天便要"占中"。对我来说，任何人、事、地方，包括香港不需要 perfect 也可以 wonderful，很美好。当你问硕果仅存的最伟大一代满不满意他们的一生，纵然他们在战乱中日子苦不堪言，但大多数的答案还是肯定的。当中最满意的可能是见到孩子长大成人，不论成就如何，父母也欣然接受。即使父母不是完美，但已经尽力。试想想，如果要求一段关系完美才开心，那么很多爱情故事也不可能经得过时间考验，合久必分。唯一例外就是亲子之情，它可能是你一生中唯一能够维持超过 60 年的爱，正是因为它没有附加条件，也无要求孩子完美或了解。

执笔适逢父亲节，我觉得这代"中坑"父亲还有很多对80 后的发展支持不足之处，所以我要求孩子给我的礼物就是腾出 3 小时，陪我看《雷霆救兵》，为他们上"得来不易"的一课。我亦会尽力为他们做个只能达"美好"的爸爸。我相信数十年后，当他们也身为父母，亦会抚心自问有否"Earned this"，做个更好的父母。

在回答老、中、青三代开心程度的排名时，一群 80 后说现在最开心的是长者，随后是"中坑"，而年轻人不单包尾而且不开心。我再问假设长者还健康的话，二十年后的次序又是如何？他们想了一会，但给我的答案仍没改变。现在的年轻人二十年后，一样会不开心。这个诧异的想法，令我大惑不解：（1）80 后是香港读书最多，亦是社会用上最多资源去培养的一代。故此也应是最有能力为自己未来二十年忧愁解困的一代。（2）长辈都将年轻人当成掌上明珠，多年来供书教学，多加扶持，如果相信他们的父母及祖父母有长期快乐方程式，那么只需要一点点跨代传授，快乐便可轻易延续。

我这"中坑"一代的父母饱经战乱，在资源匮乏中也平均养大了6条化骨龙。我想，我这代"中坑"从父母身上学会的是纵然他们的世界并不完美，在年轻时生活更加苦不堪言，但蓦然回首，大都满意一生的成就。而当中最令他们开心的可能是见到孩子长大成人。最伟大一代及"中坑"成长的世界绝不完美，但在年轻人眼中仍能做出现在及以后二十年开心的结论。不知不觉中，香港也变成不完美但精彩万分之都。

我想与其要坚持有perfect方案才开心收货，踏出第一步，不如在从前及以后也不会perfect的世界尽一己所能，为家庭及社会努力奔跑。我年轻时十分反对汽车泛滥，因其杀伤力惊人。人命关天，死一个也嫌多。现在全球汽车意外每年杀伤120万人，亦为120万个家庭带来长期伤痛。但社会已接受这个不理想的有车世界，因为人们相信汽车的好处会多于夺命伤人的坏处。而生产商亦不断在增加汽车安全度，如加用气袋等等，没有原地踏步，等车辆完全安全才可生产。东北发展、政改、自由行等港事，一定会带来不方便，亦不完美，但它们总是一个进步，又会给很多人带来更好的生活。况且，开始后可以边做边改进，又不会像车子般损伤人命。

受恩于最伟大一代，我们"中坑"一众有责任将这个务实得以成功的经验与后生一代分享。因为两代人都想80后可以令我城更精彩，更开心。

　　"中坑"绝对有亏欠长者一代之心，而报恩其中一法是将我们多了数十年的人生经验与年轻人分享，他们向前行之际，不需要一步登天，要求完美，明天依然一定会更精彩！

　　（本文原发表于《am730》，2014 年 6 月 16 日，6 月 23 日。收入本书时略有改动。）

中篇

"占中"—"雨伞运动":"爱"
与"和平"去哪儿了?

民主的基石，就是法治，遵守法律。同时多元的文明社会，对话、沟通是解决不同意见的方法。没有一个完全完善的民主，最重要的是一直有机会改善。

——董建华

这样下去，香港不会有普选。

——香港特区金融管理局前总裁　任志刚

以仁爱宽容消弭纷争，以谦卑怜悯拥抱公义，以聆听对话建立共识。

——香港大学法律学院首席讲师　张达明

我为什么反"占中"

王　晶[*]

"占中"者究竟做了什么!

艺人一般不愿意碰政治。我对政治,也从来都是躲得远远的。删除那几位的联系方式,有点任性而为,但此前我考虑了一整天。我希望用这个举动告诉大家,王晶这个政治冷感、遇事从来"以和为贵"的人,这次也怒了。你们可以想见,"占中"者究竟做了什么!

对"占中",我观察了很久,看到的是破坏法治、撕裂社会。大部分传媒和一些年轻人,一味偏颇地攻击警方。我很心疼。黄秋生、杜汶泽等几位都是名人,在年轻孩子中有影响力。他们当然有言论自由,但是发言要实事求是,不能罔顾事

---

[*] 王晶,香港电影导演。

实，说一些煽动违法的话，鼓励大家不守法、不依法，破坏香港的安定。事实上，对违法"占中"者，香港警察克制得不得了，已经是"打不还手骂不还口"了。他们却侮辱警方是"暴徒"。

"占中"者的成分很复杂，有学生、市民，更有激进团体，冲在前面闹事的就是激进团体的人。他们的所作所为，是配合传媒，有计划地进行的。凭黄秋生、杜汶泽的社会经验，不可能看不出来，香港究竟发生了什么事。

发微博之前，我考虑过打电话给他们。可是我不知道说什么。我说你们不对，然后呢？大家是朋友，既然政见不同，那就各持己见吧。一定是这样，打了等于没打。所以，我就索性在完全不通知他们的情况下，在微博上这么说了。"占中"发生以来，香港民间没有有名气的人出来讲句公道话。我就来做第一个吧，说一些对抗他们言论的话。

"占中"者一手把法治毁掉了！

"占中"之祸，在打击香港法治，让下一代年轻人觉得，法律是不需要遵守的。高院发了禁制令，他们视若无物。这是很可怕的事情。即使运动结束，开了这个坏先例，以后只要有人觉得任何事情不顺眼，就可以有法不依，打起"公民抗命"的旗号，对抗法律。法治是香港的核心价值，法治保护我们每一个人。"占中"者一手把法治毁掉了。

有人猜测我的动机,是为了内地市场。我去年谁都没讨好,《澳门风云》票房照样 5 个亿。而且,即使内地所有领导都喜欢我,我的电影很烂,现在的观众那么聪明,会有人去看吗?如果为了市场,我反而会选择独善其身,闷声发大财。

"占中"何时是尽头?可能两年三载结束不了。因为"占中"者的要求,永远不会得到满足。香港政府应该下决心解决"占中"问题,不但要清场,还要追究责任。否则这些人随时会卷土重来,继续侵害、腐蚀香港的法治和安定。

"占中"者声称是为了普选。其实,普选根本没有所谓的"国际标准"。按照"占中"者的方法选出来的特首,一定会走福利社会的路子,迅速把香港的储备用光,让香港经济难以为继。然后跟中央对着干,使香港问题影响到中国的全局发展。这正中某些人的下怀。

有人在刻意策动搞事!

有人说,经济裹足不前、社会贫富悬殊,是"占中"爆发的深层原因。美国社会贫富差距不大吗?日本经济近年增长快吗?为什么都没有出现这么大规模的运动?所以,所谓经济,只是原因之一,最重要的因素,还是有人在刻意策动搞事。

我在香港活了六十年了,希望跟年轻人分享一些人生的经验。香港今天的自由，比起港英时期，不知道好到哪里去了。港英政府的政务司，会出来跟学生对谈？我随手就可以找一部纪录片，给你们看看港英时代的警察，是如何拿着棍子、盾牌把示威者打得头破血流的。港英时代，抗议天星码头加价的香港青年苏守忠，被警察每一两个月毒打一次，后来被迫出家。现在的政府，哪个官员敢像港英时期那么做事？港英政府的官员会让你骂？

二十多年前，我曾经在时任政务司霍德官邸旁一条街上拍戏。晚上10点多，来了一个警察赶我们走。我说我们申请过，警方同意了，可以拍到12点。警察指指霍德官邸说，上边嫌你们吵，别让我们难做，走吧！你没办法跟他争，老外不喜欢你，没有理由，你必须走。现在的政务司长林郑月娥敢不敢这么做事？回归前的自由度怎么可能比现在高呢？现在是香港历史上最自由的时期。如果有人一定说不自由，我就无话可说了。

（本文原发表于《环球时报》，2014年10月24日。）

"占中"已彻底摧毁香港核心价值

刘乃强 *

"占中"以来,香港社会的变化相当明显。朋友反目、脸谱绝交等案例不断。晚上坐港铁经过旺角等"占中"重灾区,空气中也多了一分凝重,偶尔传来一声呼喝,就知道"占中"和反"占中"的人又在吵架了。即使远离"占领区",戾气也弥漫,市民争执也愈来愈普遍,几天以来我在街上多次目睹陌生人用难听的脏话互骂。吵起来的原因往往和"占中"没有直接关系,但大家实在是累了。如果你是因为小孩幼儿园停课而需要请假照顾的家长,或因为道路被封而生意大幅减少的小店东,又或者是因为交通不便上班时间增加大半小时的上班族,你也可能会为了一点小事在街上和人对骂。

个人主义的滥觞,认为个人意志能战胜一切,让我们忽略

---

* 刘乃强,香港基本法委员会委员、资深评论员,香港理工大学中国商业中心研究员。

了群体压力与社会气氛对个体的影响。有传媒报道，一位精神科专科医生透露近期接获 10 多宗因社会政治气氛诱发精神问题的求助，而警察、常和朋友争论的人及情绪病患者，是最易受困扰的三类高危人士，预计精神病发个案会在两个月后渐增。可是，面对这样的资讯，"占中"支持者仍然会嗤之以鼻，认为是亲中媒体夸大抹黑。

说到底，整个反对派就是要把个人放到无限大。在他们的论述之下，历史不过是等待民主来临的前现代，法律不过是"玩弄学生和市民的花招"（学联语）。至于国家和社会，更是可有可无的小玩意。

"给赞"的网络文化，与某洋快餐的广告词"我就是喜欢"同出一辙。垃圾食品又怎样？我就是喜欢！喜欢跟不喜欢，取代了对错。很多人忘记了他们喜欢的，不一定就是对的。相反，对的东西，往往不一定招人喜欢。大家为了在社交媒体上多获得几个"赞"和"分享"，失去了自我和判别是非的能力。

我们或多或少低估了这次"占中"运动参与者的坚持和毅力，但如果他们因此觉得这次行动是一个胜利，则大错特错，因为他们也大大低估了社会上反"占中"的声音。正因为很多港人反"占中"，朋友们才会反目，社会才会撕裂至此。这么多人反"占中"，总不会全都是"五毛"和"黑社会"吧。

网络上，"占中"人士动辄声称反"占中"人士讲话有口音，简直是混帐！先不说老一辈港人（包括不少这些愤青的父母)讲话就有乡音,退一万步讲,难道新移民就无权反"占中",内地人又无权反"占中"?支持"占中"的内地人就叫"公共知识分子",反对"占中"的内地人就是"共产党走狗"?这是哪门子逻辑?

可惜的是,"占中"人士没有透过这些问题进一步思考运动何去何从。当"占中"人士看到很多港人反对自己主张,社会两极分化严重,他们有几个选择。比较合理的选择,就是听取不同意见,调整自己的诉求和策略。最后,他们选择了坚持己见,打击异己。行文之际,新闻报道政府取消与学联对话,学联指责政府"漠视港人意愿"。学联一句说话,就把我和数百万人从"港人"中排除掉了。这样的说话方式,我们这一代人都很熟悉。在"文化大革命"的时候,你要不是"人民",要不就是"人民的敌人",是人民民主专政的对象。

"占中"失败的地方,在于它彻底暴露出"民主"最可怕的一面。从网上的视频和信息中,我们看到的不是经某些主流媒体所美化的所谓和平理性,反而更多是最原始和卑劣的丑陋人性。"建制派"以前宣传民主会带来这样或那样的代价,很多港人当时不以为然,现在他们都有了真切的体会:原来真的如此。

戴耀廷等本来计划要占领的地方是中环,现在"遍地开花",中环受的影响却最轻微。中环的金融机构有接近两年的时间,已经做好了充裕的准备,基本上没有任何经济损失。相反，旺角和铜锣湾等地方的小商户既没有被提前通知，又不像投资银行一样可以遥距办公，损失惨重。原来还有那么一点点反对财团垄断意味的运动，吊诡地以劫贫济富的方式告终，难怪城中富豪都气定神闲，坐着看戏。

可以预料，"占中"过后，会是民主的低潮。"占中"运动不但不能达到"梁振英下台"和"人大收回决定"的诉求，更让社会大众闻"抗争"色变。香港从此被分为"蓝营"和"黄营"，大家心里留下了一根刺。警察威信受到严重打击，对香港社会未来的社会治安都会带来负面影响。

新晋学者和评论员袁弥昌世侄在一篇文章中提到，非暴力斗争及公民抗命所使用的办法，从来都不是靠直接策反人民，而是透过动摇其服从性而间接产生效果的。亦即说外国势力根本没有必要直接利用或煽动一般港人，只需改变其服从模式便可。"占中"成功地改变了大量港人的服从模式，使他们不服从、反抗和不理睬政府的法律和法规。港人发现，三数十人原来即可占领一条主要干道，虽然政府已经定性占领行为非法，但占领者竟可以检查警察车辆和公务员证件。

法治这两个字，在香港从此再也没有意义。香港输了。破坏香港核心价值的，正正是口中嚷着要保护它的人。

（本文原发表于《大公报》，2014年10月10日。）

占领运动盖棺前的定论

雷鼎鸣[*]

　　占领运动发生后，我大部分时间在北京大学访问，直接感受内地对此运动的响应。在内地，就算不在互联网中翻墙，要掌握占领运动的形势，也没有多大难度。在早期，《人民日报》天天在评论，央视报道也多，互联网的讯息更是海量的。一个月前，很多人都相信此种密集评论是中央要动手镇压的先兆，但中央政府似乎突然发现，此运动大有可利用之处，暂时根本无需镇压（这不意味将来要镇压的机会是零），反而应大锣大鼓地报道运动的发展，惟恐内地人民不知道。

　　此种较新奇的态度自然是因为中央政府认为香港可作反面教材。这点有两个不同层次的含义。

　　第一，香港对内地经济的重要性早已江河日下，我2010

---

* 雷鼎鸣，香港科技大学经济学系教授，香港科技大学经济发展研究中心主任。

年年初撰文，用数据指出香港 GDP 占中国 GDP 的比重急剧下降，就算香港陆沉，对国家影响也是轻微的，现在此观点似已成为主流意见，在内地建制中恐怕更是如此；我提出过的数据，被"使用"的次数多得不知其数，我用"使用"一词而不用"引用"，因为我的名字并无怎样出现过。

弊病浮现局限一处

但在香港经济相对重要性下滑的同时，政府施政又屡屡遇到不同程度的狙击，更出现极多市民十分反感的霸路行为，法治精神受到严重侵蚀，而造成此种局面的始作俑者正是打正民主旗号的人士，这便不由得内地人民及港人会产生联想：民主不利经济！

此种联想不完全正确，因为民主有劣质优质之分，破坏民生的，只是失控的劣质民主而已。但此种认知，大大有利于主张民主要循序渐进、社会要稳定的内地正统观点，中央政府对占领运动忍手不动，并大力报道，我们不用奇怪。

第二个层次是 2007 年时中央为什么同意香港在 2017 年可以有普选？中国经济进展速度惊人，中产阶级大量增加，将来对民主的诉求必会强烈。但什么形式的民主适合中国？答案却无先例可援。按照中国近 30 多年发展策略的思维，搞特区、摸着石头过河的路径，会被认为较为可行。容许香港出现普选，对其中出现的问题加以观察并想出对应之道，并把可能浮现出来的弊病局限在一小块地方，不致影响全国，一发不可收拾，而若普选带来良好效果的话，则其他地方可逐渐推广，这些盘算，符合中国的利益。现在香港出现的乱局，正可被视为需要总结的经验。

事物往往有正反两面，一个大型运动必定会有得有失。对中央政府而言，得可能大于失，因为香港的经验可以提出不少警戒讯号，使中央政府考虑民主问题时更加小心，而占领运动所可能带来的损失，对中央是不痛不痒的；但对香港而言，得与失都较为直接，要小心讨论。

香港从占领运动中有什么得益？不少人认为学生和平非暴力，我长期接触大学生，相信此评价是对的，崇尚和平、反对暴力对香港社会的确有正面作用。但此种"正面"影响恐怕在现实上容易荒腔走板，效果大打折扣。参与占领的人当中，显然也有一批人不是那么和平的，甚至很想出现流血局面，以方便其下一步的行动，主张和平的学生并没有意图或行动与这些人划清界线，这便容易使自己变成暴力分子的伪装，客观上可能掩护到别人的不法行径，这是十分可惜的。

占领运动　损害可见

有人认为金钟占领区秩序井然，占领者也颇守规矩，并逐渐衍生出自己的文化与创意。我在现场高空向下观察，占领区的确不算脏乱，这显然是因港人本来就有一定的素质及背后有高人引导所致。但若说他们懂得守规矩，却是颇为讽刺，他们正是在犯法，在犯罪现场彬彬有礼地犯法，根本不会改变其行为的本质；至于文化与创意，这本来也是很可贵的，但用不得其所，又有何价值？

占领运动我不认为能替香港带来多大的好处，但损害却是有目共睹的，近日与新朋旧友甚至数十年未见的同学见面，几乎人人为此嗟叹，大家都深感香港正在生病，内伤外伤纷纷出现。最严重的内伤显然是法治精神受到破坏，法律不被尊重，法庭的禁令也可被视而不见。很多乐观的人认为香港因为仍有法治，所以仍有"优势"，但现在是谁在践踏这"优势"呢？中大的民意调查发现，最多的港人把法治看成是最重要的核心价值，而民主只是排行第九，这很可能是市民对于以民主为口号而公然藐视法律的人产生反感而发出的讯号。

我自去年开始，反复论述中学时老师所教"The end does not justify the means."（目标无论是否崇高，都不能用以合理化所用手段）。近日吴宗文牧师在其大文中说，《圣经》指明不能"以恶达义"，汤家骅议员也说不能为民主而抛弃法治，都是在说同一个道理，而这道理也没有什么难以明白，但就是有些人回避问题，不敢面对自己陷入道德深渊的困局。

法治精神受侵蚀外，占领运动也带来其他的内伤，社会撕裂已甚为明显。最近我与近百名中学旧同学聚会，事前活动的筹办人认为大家都不应该谈政治或占领运动，因为大家都见过不少例子，社会中不少家庭内部或朋友之间都因意见不合而吵得面红耳赤，几十年的友好关系荡然无存，我们犯不着制造此局面。但幸好我这年纪的同学都极为理性，互相尊重，而且大多数意见都十分接近，对占领运动持批判态度，才避开一场友谊危机。

我们不要忘记，纵然民主制度已是较好的制度，在一个严重对立撕裂的社会它也不可能有效运作。撕裂会动摇民主的基石，占领运动者事事把侵害别人利益的行为当作正义，并用强烈而不恰当的语言表达之，社会中人怎能不愤怒，从而撕裂更严重？我一年多前在不少文章中早已预见此情况，但现在已不用我多说，受到损害的港人自己已懂得大声表达了。

媒体立场　迷失方向

在是非颠倒的时候，媒体本应严守持平的角色，媒体的评论可以有自己的立场角度，只要不违反事实便可，但新闻事实的报道却须客观中立准确。我近 20 年来，受访的次数数以万计，深感今天的记者比从前的更重视立场，对事实的兴趣大减，而且往往希望被访者替访问者讲出后者想说的话，这不是新闻工作者应有的态度。近日有电台记者跑到蓝丝带聚会的地方挑衅，问参与者"收了多少钱?"在电视访问节目中，我也有见到主持人无端拷问某著名学者是否为了利益而持某观点，这种挑衅行为在占领运动出现后更加普遍，传媒是否正在迷失方向?

内伤外，占领运动所带来的外伤也是严重的。很多人都问过我，此运动对香港经济长远来说会带来什么影响?我去年曾经用多种方法估算过，若中环被成功地瘫痪的话，每天的短线损失是16亿元左右。现在"占中"失败，中环没被占领，反而其他三处地方被局部瘫痪，每天16亿元的估算当然不再适用。但现在更重要的是长线而言，香港经济会否因而转势，从此一蹶不振?

香港赖以为傲的法治受到侵害我们先不论，众所周知，香港经济早已极为依靠内地，而内地经济却已并不怎么依赖香港。中央决定不在港举办APEC财长会议，沪港通的规则细节早已制订好，但现在通车延误，人大常委"8·31"的决议比较严苛，种种现象都在显示中央对港政策正在改变，占领运动令中央对港不再像过往般信任，认为与香港的经贸合作风险增加，香港能带来的贡献也日渐减弱，有其他地方可取代。这些发展对香港长远十分不妙，但定量上的影响有多大?

效率市场假设的一个引申是，股票价格是公司未来利润与风险的最好总结。严格来说，一间公司的股价等于该公司未来利润的折现值的总和。市场信息每分钟都在变，而投资者根据这些讯息的变化不断重估未来公司的利润会如何如何,利好消息推高股价,利淡则相反。从9月3日到9月26日恒指共下跌1640点,在此时段内,市场早已预期"占中"会在10月1日发生,但很多人相信规模不会很大。

9月28日"占中"发起人突然宣布"占中"要提早举行,并在当天因催泪弹事件而使得规模比早前预期的大,接着在9月29日、30日两天,市场要消化这新增的未有预期的震荡,恒指再跌745点。从9月3至30日,恒指便累积了9.4%的巨大跌幅。在同一时段,道指只跌了0.2%,上证指数还上升了3.3%,由此可知,影响港股最大的外围市场美股与内地股票,都没有利淡因素造成港股如此大的跌幅,要找后者的原因,必要在香港内部因素中寻。"占中"的预期是"房中的大象",没有比这更可能是造成9.4%巨大跌幅的因素,虽则有部分跌幅可能是其他因素所造成。

熟悉股场运作的人都应懂得,在预知市场快要有重大负面事件出现时,股价便会应声下跌,若股民等到坏消息正式变成现实时才出货,不大蚀才怪!但当预期的负面因素已体现时,等于坏消息出尽,股价反而会上升,以后股价的上落便不一定能从中判断到是否与早前的坏消息还是其他因素有关。

按此逻辑推论,从9月3至30日之间,恒指市值主要因香港内部因素而一共蒸发了2.4万亿港元,这是对占领运动对上市公司的未来负面影响一个极重要的参考值。但又因部分上

市公司不是香港公司，占领运动奈何不了它们，而且未来总会
存在不确定因素，所以我们不适宜对上市公司的总损失下一个
狭窄的估值，而应作一个损失的下限。我以前曾经发表过的
3500 亿元损失便是这样的一个下限。

自动退场　避免流血

　　我们可用另一种表达方法，根据我用人口普查与其他数据
得出的对香港生产函数估算，上市公司 3500 亿元的损失可算
出总体经济大约会有超过 1.1 万亿元的损失。1.1 万亿元又等
同什么？假设香港的 GDP 未来 30 年的实质年增长率由政府预
计的平均 2.8% 跌至 2.7%，即下降 0.1 个百分点，而实质折现
率是 2% 的话（香港 i-Bonds 显示，实质折现率可以是零），未
来 30 年累积的 GDP 跌幅的折现值便正好稍超过 1.1 万亿元。
这数字从 3500 亿元的占领运动造成的损失下限中推算出来，
我也只能把 GDP 增长率 0.1% 的跌幅视作下限。

　　0.1% 看似很小，很多人都会认为太过乐观，但这已是占
领运动者所不知道又完全无法承担的损失了。就算用更近期的
数字，情况也无改变。从 9 月 3 日至 10 月 31 日，恒指市值下
降了 5.2%，共约 1.3 万亿元，而同期内地股票升了 5.75%，美
股则升了 1.83%，由此可知，外地的升幅远远未能使港股收复
失地。

占领运动有了这么多损失，如何结束？这是谁也答不了的问题。最好的结局是学生得悉市民的反感而自动退场，或起码有些人退了场后剩下人数不多，警方在清场时流血冲突的机会减低。至于有人建议"占中"发起人早日自首，我认为这虽然正确，但作用不大，自首后他们仍不会赔偿市民受到的巨额损失，市民欲哭无泪，也不会就此收货。

（本文原发表于《信报财经新闻》，2014年11月3日。）

"占中"的社会成本和效益

何泺生 *

"占中"人士启动"占中"，目的是为了要实现民主的理想。他们的口号是以爱与和平去占领。他们明白这运动社会要付出代价的。但是如果付出的社会代价小而短暂，得来的利益大而长久，则运动非常划算，值得推动值得支持。倒过来如长远社会利益小而付出的社会代价大，则运动便不值得。

今年九月号的美国政治学会的期刊 *Perspectives on Politics*（译作《政治学观点》）载有由普林斯顿大学的 Martin Gilens 和西北大学的 Benjamin Page 教授合著的一篇文章。他们用严谨的统计学分析得出的结论是：证据显示，在美国政制下，大财团和精英分子对政策的影响力非常大，是主要的得益者。一般国民对政策的影响力则差不多完全测度不到。

---

* 何泺生，香港岭南大学教授，经济学系主任。

这科学论证的结果,对"占中"人士来说,可说是晴天霹雳。要香港人付出那么多那么大的代价:多条平日车水马龙的通衢大道被堵塞,学校停课,又要罢工罢市,很多行业大受影响;号称四大支柱行业之一的旅游业大受打击,酒店食肆零售运输业生意额大减。最中心最旺的地方被用作民主教育的场所。付出了这么多,如果学足如美国的符合国际标准的普选,结果却是让大财团和经济精英垄断香港的政策,这肯定是难以接受的。

今年6月5日出版的时代周刊有一篇报导,印证了两位教授的结果。第一夫人 Michelle Obama 自 2010 年起,费尽工夫推广的健康学童午餐计划,早定下的对健康午餐所要求的标准,被大财团影响下的、共和党控制的参议院逐一"虚化"了。她感慨地说:美国儿童每三人即有一人患上乙型糖尿病的风险。以儿童健康作博弈的政治代价实在太大了!

然而美国的民主体制还是有它的优点的。美国是一个开放的社会,言论自由新闻自由个人自由宗教自由都有保障。在网上翻查民主的好处,很容易就可以找到这些,此外还有我们梦寐以求的选举权和被选举权。

显然,我们的民主体制还有很长的路要走才能渐趋完善。但 2014 年全球公义计划(World Justice Project)已给香港非常高的评价。在清廉度、社会安全和秩序、有效管理、民事公义、刑事公义、开放政府共六个范畴,香港排名都高于美国。

WJP 八个范畴中，只有政府权限和基本权利两项低于美国。但香港在这两个较逊色的范畴在九十多个地区中仍位居三十名内。

原来美国民主为国民带来的好处，除了选举权和被选举权等所谓基本权利外，香港已经超越美国。美国可能还要向我们学！

按美国的经验，较平等的选举权和被选权并未有为美国带来更平等的社会。我们值不值得以牺牲法治和社会和谐、不公平地牺牲市民的利益、以宗教的热诚、义无反顾地去追求虚幻的理想？还是应重新拥抱以推己及人为内容的公义？

（本文原发表于《明报》，2014 年 10 月 11 日。收入本书时略有改动。）

附文：西方民主形式不等同公义法治

何泺生

关焯照对本人"'占中'的社会成本和效益"一文提出两点批评，本人有如下的回应。

第一点，关焯照质疑本人只援引两位美国大学教授 Martin Gilens 和 Benjamin Page 合著文章的一个实证结果，即"在美国政制下，大财团和精英分子对政策的影响力非常大，是主要的得益者。一般国民对政策的影响力则差不多完全测度不到。"
却没有披露 Gilens 和 Page 文章实证结果的弱点。

关焯照提到的"文章实证结果的弱点"，不过是偏低的
R-square。但这并不影响作者所论证的结果。偏低的 R-square，
只不过意味着作者统计模型所包括的变量（因素）之外，还有
其他因素影响政策结果。但是两位教授的分析中，关键的系数
（coefficient）却已清楚地、具有统计显著性地标示：一般国民
对政策毫无影响力，但经济精英分子和商界却有非比寻常的影
响力（请见下表）。

Gilens/Page 原文表四：商界及其他界别对政策的影响

变量（因素）	系数（标准差）
一般国民	0.05（0.08）
经济精英	0.78（0.08）***
民众利益集团	0.24（0.07）***
商界利益集团	0.43（0.08）***
***$p<0.001$;R-square$=0.07$	

第二点，本人提出美国虽为民主大国，World Justice
Project 的法治指数却低于香港，是以美国反要向香港学习，
而不是香港要向美国学习。关焯照问：根据这个逻辑，既然香
港在法治上的表现优于中国内地，是否意味着中国内地在民主
发展上应该向香港多多学习呢？我的答案当然是应该！法治长
期以来是新中国最弱的地方，因此四中全会提出依法治国为重

点探讨中国的改革，值得大家支持和关注。

关焯照文最奇怪的地方在于认为"将民主与公义或法治作比较是不太适合的"。"最好的方法是比较民主排名。根据权威智库机构经济学人讯息社（Economist Intelligence Unit）制定的民主指数（democracy index）排名，美国、香港和中国内地在 2012 年的排名分别是 21、63 和 142。从排名的结果来看，香港和中国内地明显落后于美国。"

笔者正是要指出：民主指数高不等于社会就更公义和有更强的法治。我想彰显公义和落实法治应是人民合理诉求。但我却发现民主指数高不代表就必能满足人民对公义和法治的诉求。关焯照不理人民对公义和法治的诉求，而只着眼于西方对民主的定义。民主指数设计是基于西方民主的定义，当然指数愈高就愈民主。但这又说明什么呢？

（本文原发表于《明报》，2014 年 11 月 1 日。）

如法治决堤，将会是香港最大的悲哀

李嘉诚[*]

回归后，"一国两制"一直保障香港的生活方式，而政制往前走，是保障 50 年不变后的未来。同学们的热情，我们都能理解。但"追求"，要以智慧导航，所有人都应谨守法治——香港警队一直守护法纪。如法治决堤，将会是香港最大的悲哀。

年轻的朋友们：你们的父母、家人、所有香港人、中央都关心你们，你们已成功传递心情信息，大家都听到。

这几十年中国改革开放的决心从没有动摇，说明只要迈出第一步，空间便无限大。加上今天的国家领导人正风立政以法治国的决心，我们民族是很有希望的。

我恳请大家不要激动，恳请大家不要让今天的激情，变成

---

[*] 李嘉诚，长江实业（集团）有限公司及和记黄埔有限公司董事局主席。

明天的遗憾，恳切呼吁大家马上回到家人的身旁。

　　（本文为李嘉诚先生 2014 年 10 月 15 日所发布的声明。题目为编者所加。）

"法治"，不能摔破的蛋

高明雅[*]

"高墙与鸡蛋，我必站在鸡蛋那边"这句话，相信大家不会陌生。然而，什么是高墙？什么是鸡蛋？

且看近日多个"占领区"人士，集体违抗法庭禁制令，"占领"发起人及泛民政客，当中不乏法律专业资格的人士，一再公然鼓吹群众集体抗令，视法治如无物。大律师公会日前终于发出了严正声明，并语重心长地提醒大家："'法治'对香港来说，肯定是一只不能摔破的蛋。"

违法庭命令如同擅自执法

法律界高人告知，虽然不少法律界人士对人大决定的特首

---

[*] 高明雅，不喝咖啡的中产，前顾问公司高层，工作生涯游走于公私营机构之间，出入政圈，耳闻目睹不少政坛大小轶事。

普选框架也有不满，但始终认为"法治"不能认同"你做初一，我做十五"之类的做法。纵然制度有不完善或不公平之处，亦不应采用破坏制度及法治的手段。如今有人实行个别或集体违抗司法机构颁下的法令，这些法律界人士已表示忍无可忍。诚如大律师公会所言："这样无异于擅自执法，可令社会逐渐陷入无法状态。此时此刻，公会尤其关注到群体集体故意地违抗，并以此作为政治谈判的筹码。"

如果人人都依照自己的公义标准去决定是否遵守法律，那便是人治，而不是法治了。

摔破"法治"公义难存

令人忧虑的是，根据路透社日前在"占领区"进行的一项非正式统计，近九成正在参与占领行动的示威者表示预备留守在占领区逾一年之久；若遇到警方清场，他们也会另觅地点重组新一轮占领行动。如果属实，他们这种无了期、无边界的占领，无止境的抗命，长此下去，会对香港多年来奠定下的法治基础带来怎样的冲击呢？

许多港人在过去一个月的时间，已对占领行动作出最大的忍耐，好些人出于对学生追求民主理想的理解和同情，不少人也作出某程度的牺牲。不过，以违法手法抗争，不仅对很多人的权利和生计造成极大的损害，如今发展至集体违抗法庭命令，已达致不断侵蚀法治的后果。倘若社会助长藐视法治之风，有法不能依，"法治"真的摔破了，公义还有机会彰显吗？

要选，笔者必定站在道理那一边，不理是黄是蓝，要保护"法治"这一只不能摔破的蛋。

（本文原发表于《am730》，2014 年 10 月 30 日。）

"颜色革命"为何在港难行?

郑赤琰 *

长达个半月,坚持不退场的"占中""占领"运动,可说是一场"颜色革命"。如果以夏普(Gene Sharp)设计的 198 个战略与战术衡量,所有关键要点均符合"颜色革命"的行动要求:例如战略上,"占中"/"占领"把敌我定位为"独裁"与"民主"的关系;战术上,则发动全城罢课、罢教、罢工、罢市、瘫痪街道,作为胁迫政府屈服的手段。

当中可以瘫痪政府运作的战术,都有可能派上用场,例如占领街头、示威迫使警力无法负荷、包围政总和立法会令其无法运作、发动全民不缴税不缴费叫公共开支破产等等。虽然现时还未付诸行动,但不等于不行动,正如占领群众毫不讳言,占领之所以不撤退,只有一个目的,进可以迫行政长官下

---

* 郑赤琰,香港中文大学政治系前主任、华人学术网络成员。

台、人大常委撤回政改决议；退可以迫警察强行清场时开第一枪，甚至引解放军出营开第一枪，占领便可趁势发动五十万、七十万、八十万、一百万人纷纷占领全港要道和商业中心，全都张开黄色雨伞。迫政府开枪，只要能发动数十万人行动一致，群众再也不怕开枪，对着数十万双手高举的人，举枪的人怎样开得下去？

香港的主流人口面对个半月来"占中"／"占领"这场"颜色革命"的回应，也还历历在目。就说罢课罢教吧！打从中大罢课誓师大会所见，全港十一间大专院校，只得 13000 人集会（其中还有 11 个非学校团体派人参与）。就在当天，全校没有课给人罢掉，师生照常上课，到了第二天罢课学生全力集中政总，白天只有 4000 人，晚间只得 2000 人左右。

打从 9 月 28 日开始，"占中"消失，改为占领，再变调为学运，真正学生参与的，最多也只得几千人，"学联"与"学民思潮"在挨了催泪弹后，宣称要全城长期罢课罢教；响应的大专教师五六百人签名支持，这些人顶多也只是罢教一周，还声明要补课（等于请假，不是罢教！）；至于罢课也是有名无实，没有一间大专曾因罢课而影响师生上课。

既然"占中"／"占领"以学运作号召，实情竟是九成多大专生不听指挥，其他的罢市罢工也毫无动静，有的反而是因占领而关店的商人店员变成变相的"罢市与罢工"，他们因受害不但不支持占领，反而变成反占领的群众组织，时不时走去占领地方踩场。这光景说明谁是正义已不再是一方的专利了。

由反"占中"大联盟发动的第二波全城签名运动，以反对破坏法治、支持警方执法、反对占领作号召，成功签下183万人。由此可见，"占中"／"占领"预料中的全城"颜色革命"，毫无"起色"，已是有目共睹的。究其没有"起色"的原因，现作分析如下：

一、犯上的最大战略错误，是把大陆与香港定性为独裁与民主的对立，甚至誓不两立。

大陆是否独裁？香港是否民主？这两个问题是否绝对，无论在学术上，或实际生活感受上，均存有很大的讨论空间，任何革命的迫切性，必须在理论上能成立，实践上也要有所根据。就理论来说，大陆自清朝末年伊始，便不断革命，清朝曾有酝酿君主立宪的革命、太平天国的革命，后来辛亥革命推翻实践数千年的封建体制，接着新中国又给民国革了命。

自1949年以来，单在共产主义／社会主义体系就有过"文化大革命"。1979年以来，在开放政策上，也展现翻天覆地的改革，单是对外开放贸易，便已是中国史无前例的规模。对着这么一种革命情况，连其社会主义体制，正如邓小平说的，还是在社会主义的初阶，一切还在摸索，像"摸着石头过河"，未有定形，更未曾老化，还轮不到你去革呢！甚至连老外也插不上手。

区区香港，自己还得靠中央订下的《基本法》逐步进行民主民选改革，又如何说服香港的"全民"支持你的"颜色革命"呢？何况大陆与香港谁也不革谁的命，早在"一国两制"有约在先，要说服港人相信人大常委的一次政改框架决定，便会令香港给大陆革掉了命，一句"假普选"全不够说服力，更何况这个政改还让港人五百多万选民一人一票去普选行政长官。不错，有人不相信不接受，但也有人相信想要"袋住先"。信与不信之间不相伯仲，得不到绝大多数人愿意为革命去拼，"颜色革命"不能有"起色"，不也明乎？更何况这革命是革香港政府的命？抑或是革中央政府的命？也叫人摸不着头脑。

二、战术上，"颜色革命"的厉害在于全民参与罢市罢工罢业罢课等瘫痪整个政府的运作，才能奏效，但这战术在港行不通。

别的先不说，单是中产阶级供楼的问题，便叫他们欲罢不能，他们工作得来的储蓄几乎全都押在房产上，加上欠供的银行贷款，更是一大笔。供下去的希望是过去与将来的钱可以一笔养老，老有所养，比什么革命都重要；叫他们不顾老命跟着去闹革命，九十后世代仍未入世，可以；连八十后世代虽入世不深，但也早给供楼缠住了，要革命，还得三思而行；再算上七十后、六十后、五十后三个世代，更不会奉陪什么革命了。如此计算起来，全港人口多数无兴趣革命，"颜色革命"便注定没有"起色"了！

三、不了解社会本质，又是另一个大错。笔者曾不止一次在《信报》发表看法，指出香港不是"公民社会"，社会主体是"族群社会"（Ethnic Society），公民意识远远比不上族群意识。两者的分别在于前者以个人主义追求个人利益为其核心价值，后者则以社群主义（Communitarianism）追求家庭利益为其核心价值。前者对政府的态度在人权、自由、民主等问题上是对立的，后者对政府的态度在人权、自由、民主等问题上是相依为命的，政府的责任就是保护人民、家庭、家族，甚至整个民族都要国家强大才保得住。

既然香港社会的本质仍是族群社会，公民社会相对弱势，要以个人利益的想法发动港人革命，势必引来民族主义的对抗。个人主义这个从外国拿来的主义，恒常地被视为外国干预的革命，正是其与民族国情格格不入，有以致之！

（本文原发表于《信报财经新闻》，2014 年 11 月 17 日。）

临时法治

汤家骅 *

占领行动旷日持久，令人忧心忡忡。有被影响人士成功向法庭申请禁制令。在电视及其他媒体上看到、听到一些资深律师、学者、政客公开说，这"只是单方面申请的临时禁制令，有机会被推翻"，"只是民事裁决"等等，暗示甚至鼓励被禁制者可漠视法令，阻碍执行，令人诧异之余更觉痛心！

首先，临时民事禁制令并不代表法令没有法律效力或可不被尊重或不须服从。若因形势紧急，没有足够时间通知被告，或因被告姓名或人数不详，原告可单方面作出申请，但申请时仍有责任把被告的全部理据和事实告知法庭；法庭亦会不时质疑原告有否公正处理被告可能提出的论点。原告在这方面若做得不足，日后法庭得悉全部事实时，可以实时撤销禁制令及对

---

* 汤家骅，香港立法会议员，曾任香港大律师公会主席。

原告作出惩处。由此可见，临时禁制令并非一般人所误会为一个只听原告，不理被告论据的单方面裁决。

另一点要留意的是，法庭处理临时禁制令时并不会未审先判哪一方胜诉。只要原告不是理据全无或滥用法律程序，双方论点皆会押后至正式审讯后才作决定。在这阶段，法庭的考虑只是若不颁禁制令，哪一方的损失较为难以估计或非金钱可弥补。在这平衡利益的测试中，法庭会以宏观角度衡量发出临时禁制令与否会否引致某一方受到无可挽救的损害。所以，这测试并非为一个所谓"大是大非"的判决，而是如何平衡眼前最迫切的利益冲突。

最重要的是，法治与民主是所有文明社会的基石，两者互相扶持，缺一不可。民主是坚实的，但法治却是脆弱的。因为民主是一种制度，要破坏不是那么容易；但法治是一种社会价值，可以毁于无形。法治一旦被侵蚀，需要依赖社会文化、教育、价值观，长时间重新培养。任何你不给我民主，我便不给你法治的想法，皆绝非社稷之福！

（本文为汤家骅先生 2014 年 11 月 4 日网志文章。）

香港政治困局与恶梦

林沛理[*]

　　香港人可以不明白政治的复杂,但不可以不知道自己的利之所在。懂得怎样从身处的环境之中得到好处,知道做什么事情是有用、有益和有建设性,是香港人的传统智慧(folk genius),也是这个小城屡屡缔造奇迹、成为国际金融中心的关键。经济学家视香港为展现资本主义优越性的橱窗,资本主义与香港人如鱼得水,因为启动资本主义的发电机——牟利动机(the profit motive)——本来就存在于香港人的基因。

　　今日的香港已经变得几乎无法辨认,开明的自利(enlightened self-interest)仿佛在一夜之间被抛到九霄云外。少数人所做的事情,违反自身基本和长远的利益;多数人眼巴巴看着自己的利益受损,却似乎什么也做不了,渐渐被一种无

---

[*] 林沛理,作家,文化评论人。

力感吞噬。对很多香港人来说,过去一个多星期发生的事情像恶梦多于现实,因为这太不像香港,不可能发生在这个城市(It can't happen here)。

这不是说香港只能够做一个"经济城市",或者唯利是图是香港人的本分。绝非如此,但倘若香港人放弃他们的实用主义和务实思维(pragmatism)而变成被意识形态役使的空想家(ideologue),只能够从恐惧而非利益的角度思考,他们为自己和整个城市炮制的就是一条后患无穷的灾难方(a recipe for disaster)。

发展到今日,"占中"的本质已经昭然若揭:真普选是假议题,名为"占中"(环),实为抗中(央)。说到底,它无法接受的,是人大委员会对香港行使的权力。这个立场没有言明但合乎逻辑的。也可能是这场运动的最终目标,就是给予香港人自决权(self-determination)。换言之,就其真正、最终的意向与目标而言(for all intents and purposes),"占中"是一场地区要从所属的国家脱离出来的分离行动(secession movement)。明乎此理,就知道为什么北京绝不会撤回人大的决定。

北京说香港的政制改革涉及国家主权与国家安全,并非危言耸听,而"占中"只会令它下更大决心,为香港可能出现的最坏情况作好准备,英文所谓"confirm their worst fears"。任何头脑清醒的香港人都会同意,要进一步落实港人治港、高度自治，最合理、明智和切合实际的方法就是取得北京的信任；而反二十三条立法、反国民教育科和反大陆化，都不是取得北京信任的有效方法。北京收回香港主权十七年来严格遵守一国两制，以共产政权而言可说是"难以挑剔"（on its best behavior），却换来一次又一次的拒绝和否定。

香港人争取民主的目标很明确，但采取的手段却有时幼稚得像一个淘气的孩子，边流着眼泪边大声叫"我要，我现在就要"（I want it and I want it now.）。任何有一定工作经验与人生阅历的成年人都知道，经营一段关系，做成一宗交易，需要的是双方迁就、相互让步和互相忍让。"Give and Take"是文明人相处甚至生活的方式，香港人常常批评大陆人不文明，并以两地存在的所谓"文明差距"为荣，那为什么在争取最重要的事情上会表现得如此任性？民主不是在炎热的夏天饮一杯冰水的"即时爽"（instant gratification），更何况香港有那么复杂的殖民地历史。

"和平占中"一开始就自相矛盾，难以自圆其说。占领本质上是一种侵犯和侵权行为（act of aggression），人群的集结本身已经有威吓性，而不使用武力不可能堵塞道路和改变地区的用途。警察是否使用了过度武力值得深究，袭击示威者的暴力行为更应该谴责；但不要忘记，制造滋生暴力的环境的人，比使用暴力的人好不了多少；而高举双手也不一定代表和平——心理学上有所谓"被动的攻击性行为"（passive-aggressive behavior)。

野心家喜欢读历史,因为历史教晓他们,要相信人民自毁长城的能力 (People can always be relied on to act against their own self-interest.)。从古以来,哲学家最关心的问题,是为何一个人知道什么是好的,同时也有能力做到,最后却没有做;相反,知道什么是坏的,同时有能力可以不做,但最后却做了。这是在现实生活中经常发生的事情,学者将之归咎于人的"意志力薄弱"(weakness of will)。

今日香港的政治困局,其实也是道德教育的问题——不是"知而不行",而是"行而不知"。一些人做了一些他们认为是对的、好的事情,但他们真的懂得,真的知道吗?

(本文原发表于《亚洲周刊》,第28卷41期,2014年10月19日。)

对学生和年轻朋友的呼吁

董建华

1. 占领行动的学生和年轻朋友，你们对民主的诉求，我们都清楚听到了。你们对理想的执着，我们是理解的。

2. 街头的抗争活动，往往会有预见不到的复杂变化，不但影响学生的学业和前途，还可能危及你们的安全。占领行动已进入第 8 日，情况愈来愈复杂，我和香港很多父母和老师一样，整天忧心忡忡，担心学生的安全。所以我呼吁你们，尽快撤离示威区，以策安全。

3. 香港是多元社会。你们抛开一切，参加占领行动，追求民主，作出了很大的牺牲。但民主的基石，就是法治，遵守法律。同时多元的文明社会，对话、沟通是解决不同意见的方法。

4. 学生是香港的未来。今天的学生当中，会有香港将来的特首。我相信，你们除了理想和执着之外，也有勇气和智慧，

159

我呼吁你们拿出勇气与智慧，不但积极平和地去了解不同的意见，进行良性互动，以多元社会的视野，谋取共识，并与全港市民一起，尽最大的努力，建设香港的未来。

（本文为董建华先生 2014 年 10 月 5 日所发布的声明。）

这样下去，香港不会有普选

任志刚[*]

这样下去，香港不会有普选，真的、假的、理想的、现实的、实事求是的都不会有！

这样下去，香港走的路恐怕会丧失法治，民不聊生！

香港的经济繁荣，是建基于能有效扮演内地与外地的中间人角色，在金融领域尤甚。

中间人不合作、靠不住、添烦添乱，内地一定会减低依赖，另起炉灶，两手准备，减少在改革开放的过程中对香港的政策倾斜。

这样下去，香港经济会内伤！

这样下去，有赖繁荣经济提供的就业机会、民生改善、财政健全、货币稳定将会大大削弱！

---

[*] 任志刚，香港中文大学全球经济及金融研究所杰出研究员及商学院荣誉教授，中国金融学会执行副会长，香港特区金融管理局前总裁。

同学们，《基本法》保障香港在"一国两制"下五十年不变。这样下去，到 2047 年香港肯定会变！我没有思考会怎样变，因为如果还未死，到时我将会是 100 岁了！

同学们，到 2047 年你们可能是 50 岁吧！这是人生担子最重的年龄，要干活，要照顾上一代和下一代，还要适应 2047 年可能发生的巨变。这是令人担心啊！

我关心的、亲爱的同学们，回头是岸啊！

在背后支持同学们的朋友们，要为同学们的长远利益着想啊！

（本文为任志刚先生 2014 年 10 月 29 日所发布的声明。题目为编者所加。）

顾全大局,尽快撤退

方润华 *

违法"占中"已持续逾一个月,在这期间示威者不但占据主要交通干道,严重瘫痪交通,金钟、旺角、铜锣湾等游客常到之商业旺区,道路亦被设置障碍物,车辆无法通行,社会正常秩序被打乱,学生返学、市民返工受阻耗时,商铺生意额下降,不少运输、旅游及零售服务等行业人士生计受损,担心"饭碗"不保。民间组成"保普选反'占中'大联盟",发起"还路于民、恢复秩序、维护法治"签名行动,短短时间已征集到183万个签名,可见民心所向。

连日来,不断有小商家、市民、的士司机及无工开的建造业工人等,前往不同"占领区"试图拆除路障,与驻扎的示威者发生争执,显示民怨已到了临界点,恐会演变成一场暴力冲

---

* 方润华,协成行集团主席。

突。学生们旷日持久地留守街头、荒废学业，还可能面对日后的司法检控，除了家长们担忧与心痛外，校长、老师及社会各界人士均十分关注，纷纷到现场看望学生，劝喻年轻人保持冷静、注意人身安全。日前李嘉诚博士发表声明，强调香港是个法治社会，一切应依法行事，年轻人通过上街表达政治诉求目的已经达到，学生们的声音大家都已听到，应知所进退，他恳请"占中"者回到家中、学生重返校园，"不要让今天的激情，变成明天的遗憾"。全国政协副主席董建华先生亦召开记者会指出，全国人大有关普选特首之决定符合香港基本法，学联要人大常委会撤回政改决定不切实际。政府与学联对话后释出善意，答允向中央提交民情报告，呼吁占领者撤退。一位88岁老翁更从荃湾赶到金钟，跪求学生尽快结束"占中"，让民众恢复正常生活。

年轻人关心社会民主、推动政制发展热情可嘉，但"一口吃不成胖子"，落实普选有个循序渐进的过程，还要有客观条件配合，非一朝一夕可以达成。香港2017年可以一人一票选特首，开创了本港民主建设的先河，亦是实践"一国两制"的重要一环。年轻人若凭一时冲动而做出过激行为，最终会自食其果。10月20日高等法院连续颁布三个临时禁制令，禁止示威者堵塞道路，但有人还是无动于衷，继续霸占道路，本港赖以自豪的法治精神经受考验。

学生为争取民主理想可以理解，故"占中"初期有市民上街挺学生，但随着占据马路时间越长，对本港的经济、民生打击越大，"沪港通"遥遥无期，各行各业经济损失难以估计，潜在的后果不堪设想。"占中"在某些政客煽动下，已成为一场失控的行动，严重撕裂社会，人与人之间失去互信，不同政见人士互相指责、推撞，"占领区"危机四伏。无论哪方有人受伤，都是大家所不愿意见到的，学生应尽快返校继续学业，若对社会问题有兴趣的同学，毕业后可参与区议会或立法会工作，服务市民、贡献社会。"香港是我家"，所有爱好和平的人士都不希望"东方之珠"黯然失色。冀望学生再与政府开会，理性协商、化解矛盾，寻求遵守法律之最佳解决方案，为香港谋福祉。

市民渴望香港安宁和谐，要求同学和平解决分歧的呼声越来越高。在此呼吁参与"占中"的同学们，"三思而后行"，顾全大局、尽快撤退，避免发生冲突。

(本文原发表于《文汇报》，2014 年 11 月 6 日。)

"占中": 政治问题，政治解决？

张志刚[*]

在"占中"发生之后，一直有一个论调，是"政治问题，政治解决"。这八个字，从文义上看几乎是毫无破绽的必然真理，就算不懂政治的香港市民，也会毫不犹豫地支持这八个字。在这种情况下，"政治问题，政治解决"就被人无限引用，甚至错误引用，最后沦为支持"占中"运动反对清场的宣传工具。

倘政治解决　占领应即撤离

"占中"运动发起人就是用这八个字，反对政府清场。但归根究底，我们应该问一个问题，占领金钟、铜锣湾和旺角是

---

[*] 张志刚，香港特区行政会议成员，"一国两制研究中心"总裁。

什么行动?你叫它是什么行动都好,它本身就是一个违法行为。"政治问题,政治解决",其前提就是合法,就算抗议、游行、示威等运动,都是有法可依,依法而行,而不是霸占道路,犯法违法。如果"占中"人士是支持"政治问题,政治解决"的话,那由第一日就不要发动"占中"。而就算是后知后觉,也应马上撤离,因为霸占道路根本不是合法的政治手段。

"占中"犯法违法 莫宣传歪理

"占中"运动不但犯法违法,而且不断宣传一些歪理,例如公民抗命。就算一直跟泛民是同声同气的大律师公会也无法不坦白指出,公民抗命不是用来把违法行为合理化的借口或者手段,每个人都必须为他的个人行为负责。如果有人认为要用违法的行为去表达他的各种各样诉求,政府很难在事前完全禁止。这些违法行为也成为某些人的表达手段,这是无可奈何的现实,但我们不能把这个无可奈何的现实,扭曲由不合法变成合法。如果这无可奈何的现实是不合法的话,仍然是不合法,做这些行为的人仍然要为此负上法律责任。

个人执意要犯法,政府只能以勇敢地执法来应付。但一些父母家长,带同未成年的子女到高危的地点如旺角示威静坐,无论是泛民的议员还是警方的代表,都表示旺角的情况是令人担心,甚至是在暴动的边缘。我们看一些社会新闻,一些父母独留年幼子女在家，也是触犯了刑责而要被检控。但论危险，应该远远不如带同未成年子女到濒临暴动的旺角示威。作为家长或监护人，有没有把未成年儿童少年的利益放在第一位？

莫以教育为名对儿童"洗脑"

如果遇上冲突，这些儿童遇上意外，其父母要负上何等责任，这基本上已经不是合法和不合法的争议，又或者是公民抗命的理解和定义，而是人性最后的一点良知。是他们自己的政治信念重要，还是一些未成年儿童的安危重要。他们这些情况，不禁令人想起一些恐怖主义组织，他们以办教育为名，去吸纳儿童少年进入组织，对他们"洗脑"，进行所谓圣战，死后可得永生。而这些儿童少年就成为无辜的人肉炸弹，但这些少年儿童的父母可能对这些"洗脑"毫不知情。身为父母把自己子女押上暴乱战场当人肉盾牌，就更是闻所未闻，作为警方，把这些父母绳之于法，应该是重中之重的首要任务。

(本文原发表于《香港经济日报》，2014年10月23日。)

妥善处理"占中"须区别对待三种人

卢文端 [*]

参与"占中"者,有三种人:一是学生及普通市民;二是泛民政党及议员;三是组织者和谋划黑手。三种人各有不同要求,要妥善解决"占中"问题,就须将这三种人区别开来,采取不同的措施化解矛盾。头发胡子一把抓,不利于解决问题。

不能责怪学生须从制度检讨

今次"占中",有相当数量的学生参加。据了解,即使由于各种原因没有直接参与"占中"的学生,其中也有不少对于"占中"采取同情以至支持的态度。学生成为"占中"的主力,这需要引起社会的高度重视,到底问题出在哪里?

---

[*] 卢文端,全国工商联副主席,全国政协外事委员会副主任。

必须看到，学生是纯真善良的。他们中的许多人在香港的资本主义教育制度下，接受西方价值观的教育，信奉西方的民主自由理念。他们以西方的标准来要求香港的普选制度，这是不奇怪的。现在，人大决定的普选框架与他们的目标有落差，于是发生了摩擦、矛盾甚至冲突，加上青年学生本来就有反叛、反建制、不满现实、敢于斗争的天性，于是站在了"占中"最前线。在此，我们不能责怪学生，甚至应该理解，他们也是希望香港能够按照他们的理想目标发展，明天更好。

我们需要问的是，既然香港是实行"一国两制"，香港的教育能不能在保持资本主义特点的同时，增加"一国"方面的内容，让我们的下一代既有资本主义的价值理念，又能够理解"一国"的原则要求，在我们的青少年脑子里减少"两制"与"一国"矛盾冲突。回归已经超过17年，差不多是一代人的时间，但我们的教育体系却未能适应"一国两制"的需要，的确令人感到可惜。

还需看到的是，一些市民参与"占中"，与香港社会的一些深层次矛盾难以解决直接有关。最为明显的是，香港社会贫富悬殊严重，地产独大，市民难以安居，青年人"上楼"更难。确实有些人借参与"占中"表达不满。

泛民分两派　温和派否认搞"颜色革命"

泛民政党及议员无疑在"占中"中担当重要角色。不过，泛民参与者分为两种:一种是温和派;一种是激进派。中央将"占中"定性为"颜色革命"。笔者听到泛民中的一些温和人士满口"叫屈"。他们再三说自己不是搞"颜色革命"、更不是搞"港独"。他们一再强调只是希望落实"真正"的特首普选,让香港人能够选一个自己满意的特首,解决香港深层次的经济民生问题。也正因为如此,一些泛民温和人士在"占中"大规模爆发之后,就很快站出来呼吁占领人士撤离;当西方将"占中"描述为"雨伞革命"的时候,他们也及时公开站出来否认,强调"占中"为"雨伞行动",不是"雨伞革命"。他们一再表示,希望中央能够清楚了解这一点,不要将泛民温和派定性为"港版雨伞革命"的搞手,他们并不想推翻"一国两制"。

"占中"幕后黑手 确实在搞"雨伞革命"

尽管参与"占中"的学生和泛民温和派都不认为自己是在搞"雨伞革命",但必须指出的是,"占中"的幕后黑手确实在搞"雨伞革命",泛民中的激进派也是在配合幕后黑手搞"颜色革命",搞"港独"。决定"占中"是否"颜色革命",关键不在于一些参与的学生、一般市民以至泛民温和派,而在于这场行动的主导者和幕后操纵者。与所有的"颜色革命"一样,"占中"是有部署、有计划、有组织的大规模违法行动,目的就是通过"倒梁"、否定人大决定,让外国势力的代理人藉"公民提名"、"入闸"夺取香港的管治权，扶植亲美政权，架空中国对香港的主权。"占中"正是在这个意义上被西方媒体称为"雨伞革命"，这也不是没有道理的。事实上，"占中"的幕后黑手一开始对"雨伞革命"兴高采烈，后来是发现民意发生逆转，发现愈来愈不利，香港民意怕革命，于是想把"雨伞革命"的帽子摘掉。

参与"占中"的人，确实有不同类型、不同要求。清楚了解这些不同要求，有利于采取切实可行的对策化解矛盾，防止"占中"重演。对于"占中"的幕后黑手，当然必须揭露打击。对于青年学生，需要爱护和保护，多作沟通，寻求理解。即使对于泛民，正如中联办主任张晓明所说，也不能"一竿子打沉一船人"，要将温和派与激进派区别开来，不要把温和派推向对立面，而应尽可能争取温和派在《基本法》和人大决定基础上讨论政改，既化解"占中"难题，又争取落实港人所期待的"一人一票选特首"。

（本文原发表于《明报》，2014 年 10 月 22 日。）

下篇

"占中"——香港不能承受之重

除非广大香港市民，包括青年人，都对"一国两制"的政治和法律现实有充分的理解，并以一种理性、务实的态度面对这个政治现实，否则"一国两制"的内部矛盾将会与日俱增，香港社会的内部争斗将把香港带进一种"自残"的局面，香港将会由盛转衰，正如不少在历史上曾经辉煌一时的城市后来走向没落一样。

——香港大学教授　陈弘毅

展望将来，希望我们能多培养有历史感，有民族文化之根，兼具全球视野的现代学生；关键始终在教育。

——香港大学教授　李焯芬

"一国两制"面临危机

——写给在今学期在港大上我的课的学生

陈弘毅

各位同学：

我在 1984 年开始任教于港大法律系，《中英联合声明》便是在那时签署的，从那时开始至今，"一国两制"都是我的研究课题。到了今天，我感觉到"一国两制"的实践正遭遇到前所未有的危机，"一国两制"的路好像变得越来越窄，越来越难行。今天，我离港大的退休年龄已经不远，但你们还年轻，所以这封"香港家书"是写给你们的，我想谈的"一国两制"的前途是否光明，我希望坦诚地、毫无保留地与你们分享我对于"一国两制"的前途的看法。尤其是要指出，除非广大香港市民，包括青年人，都对"一国两制"的政治和法律现实有充分的理解，并以一种理性、务实的态度面对这个政治现实。否则"一国两制"的内部矛盾将会与日俱增，香港社会的内部争斗将把香港带进一种"自残"的局面，香港将会由盛转衰，正如不少在历史上曾经辉煌一时的城市后来走向没落一样。但是，如果理性和务实的精神最终能制约"占中"和所谓"不合作运动"所代表的理想主义和激进主义，香港的前途仍是光明的，青年人便可对未来抱有信心和希望。今天，香港正处于这样的一个十字路口，一个危急存亡之秋，希望你们积极面对，对形势作出正确的评估，并就自己应该信仰的价值理念作出明智的选择。

在上世纪八十年代，"一国两制"的构想刚形成的时候，当时香港还是一个殖民地，没有民主，但有法治和相当程度的自由。所以当时"一国两制"的构想主要是要在香港回归后保留原有的资本主义经济制度、法治和自由。至于"一国两制"下香港实行怎样的政治制度，最后由全国人大在1990年通过的《香港特别行政区基本法》确定下来。《基本法》规定特区行政长官由香港社会四大界别的代表组成的选举委员会推选，然后由中央任命，又规定特区立法会议席部分由市民直选产生，部分由功能团体选举产生。同时，《基本法》规定了特区政制可根据香港的实际情况和循序渐进的原则进行改革，最终达致普选。

因此，根据基本法的政制设计，随着时间的流逝，香港特别行政区的政制将会变得越来越民主，但如果中国内地的社会主义政制维持不变的话，香港和内地的政制的差距将会变得越来越大，我认为这便是"一国两制"的最深层次的矛盾。香港的政制的民主化，是否表示它最终要实现西方式的民主普选或所谓符合国际标准的民主普选？今年8月人大常委会的决定就这个问题提供了答案——当然这是中央的答案，并非所有香港市民都会认同。中央给出的答案是，在2017年香港首次实行特首普选时，候选人的提名必须根据《基本法》第45条的规定，由提名委员会提名，提名委员会须按照现有的选举委员会设计，同时，提名委员会须以过半数的多数提名2至3名候选人。毋庸讳言，这种提名制度难以符合适用于一般民主国家的国际标准，在这些国家，没有提名委员会，候选人一般由政党提名或公民提名，人数没有上限。中央的官员已经明确表示，今次人大所采纳的这个制度设计乃基于国家安全的考虑，其目的是确保候选人都是爱国爱港而非与中央对抗的人，从而保证最终当选的特首候选人是一个同时得到中央信任和港人拥护的人、一个中央乐意任命为特首的人。

我完全明白不少港人，包括不少我的同事、朋友和学生，都认为中央这个决定是不能接受的，他们其中有些人选择抗争，进行公民抗命。但是我留意到即使西方学界提倡的公民抗命理论也特别提到，违法的公民抗命行为是否在道德上得以成立，一定程度上取决于该行为的后果，包括该行为是否能够达致其目标（如促成有关政策的改变），和该行为对社会的影响是否利多于弊或弊多于利。在这方面，西方法理学家也曾指出，如果有关行为可能导致到社会中越来越多人不尊重法律的权威，这应算是有关行为的恶果。

我个人的意见是，人大在8月的决定明显反映中央认为香港暂时不适宜实行西方式的民主普选、只能实行某种具有"一国两制"特色的民主普选，这是一个基本国策，基于中央政府的"维稳"和防止外国势力通过香港对中华人民共和国进行颠覆等考虑。我相信任何熟悉中国政治的人都会同意，无论香港出现怎样的占领活动，都没有可能改变这个国策。忠言逆耳，很多香港人都不愿意听到这种话，但这的确是政治现实，就正如香港在殖民地时代由外国人统治而没有民主是当时的政治现实一样。香港有今天的成就，正是因为港人——包括各位同学的父母以至他们的上一代——是理性和务实的，他们接受那些不能改变的政治现实，并在他们所能够享有的有限空间中默默耕耘，胼手胝足，创造亚洲四小龙之一的奇迹，于是这颗东方之珠便应运而生。

与1980年代相比，香港对中国的经济的重要性已经今非昔比。中央对香港的民主化的基本国策既定，港人必须自求多福，在"一国两制"的夹缝中寻求生存之道，珍惜我们所享有的自由空间，尽量创造，继续发挥狮子山下的精神，维护我们现有的法治、宪政、人权和公民社会，并且停止内斗，停止所有伤害香港的"占领"和"不合作"活动，因为最终受害的将会是全体香港市民。无论抗争者的理想如何高尚，无论他们的用意如何善良，都不能改变他们的行为的客观后果，就是不少香港市民的权益受损，如果持续下去，全港市民安居乐业的权利也会受到侵犯，而安居乐业也是一种基本人权。

各位同学，你们年轻，香港的未来是属于你们的。希望你们好好思考，好好学习，好好生活，好好行动。

陈弘毅　上

2014 年 10 月 25 日

（本文原发表于香港电台"香港家书"，2014 年 10 月 25 日。）

摧毁罗马

曾俊华

我和金管局、财经事务及库务局的同事 10 月到北京出席了亚太经合组织（APEC）的财长会议。今年会议其中一个主题，是成员国在基建投资、融资方面的合作。周五，国家有份牵头成立的"亚洲基建投资银行"（Asian Infrastructure Investment Bank）在北京签署了备忘录，两者都反映基建投资的跨国合作将会进一步深化，可以预见，不少亚洲发展中国家很快就要大兴土木，搭上由基建带动的经济发展高速列车。

透过投资基建带动经济，东西方都有历史实例证其成效，对于发展中国家而言，修桥筑路、兴建机场等投资，除了有助经济长远发展，更能够直接改善人民生活质素。

香港近年的基建投资，由过往几年的平均约 400 亿元，增加至近年逾 700 亿元，政府期望通过填海造地、兴建公路、铁路网络等等，让这个有 700 万人口的城市能够维持并提升城市效率，增加经济容量。

不过，要落实基建投资，单靠政府推动不足成事，还需要立法会配合。上年度的立法会工务小组，由于有议员拉布，21个项目未能及时审批，需要顺延至今年会期，个别项目更加要重新招标。经点算，这些项目平均会延误半年，令总成本增加约 10 亿元。

占领运动发生之后，部分议员宣布在立法会展开大规模的不合作运动，可以预见，各项工务工程未来于立法会的审批时间将会更长，令工程进度减慢，造价上升。我和一班负责同事，对此情况都感到非常无奈，无法理解我们眼前的政治问题，为何要以香港整体福祉作为牺牲品。

最近，有来自内地的朋友向我推介一本新书：美籍日裔著名学者福山（Francis Fukuyama）的新作 *Political Order and Political Decay*（《政治秩序和政治衰落》），这本书长 600 多页，很难在短时间内读完，我只能靠最近出差的时间，读了一些书评介绍，觉得作者的见解对于眼下的香港，颇有参考价值。

福山在 90 年代推出非常具争议性的成名作 *The End of History and the Last Man*，大胆指出西方民主体制的诞生代表着"历史的终结"，因这种政治体制将能放诸四海皆准，成为人类终极的政治和管治模范。他的论点当年遭受到很猛烈的批评，尤其是后来出现的 9·11 事件、金融海啸、伊拉克和阿富汗战争的失败等等，都在削弱福山的结论。

　　福山在两本新著《政治秩序和政治衰落》和前作《政治秩序的起源》（*The Origins of Political Order*），对于自己当年的观点，作出了一点修正。

　　他提出，维持社会政治稳定，民主制度是其中一个重要部分，但除了民主制度之外，还有另外两个必不可少的部分：强而有力的政府，以及法治，三者缺一不可。

　　福山的研究对象是不同时代、不同国家的政治秩序演变，他发现"政府、法治、民主"三者的先后出现，对于建构社会政治稳定起着关键作用，而三者任何一方出现缺失，都必然造成政治不稳。他以历史上不同例子，例如拥有民主政制、但缺乏有效政府管治的非洲、南美国家和欧洲的希腊等等，引证三者与政治秩序的直接关系。

　　回看香港的现况，大部分参与占领运动的同学和市民对于民主问责制度的诉求是清晰的，但他们目前使用的手段，包括占领干道、不合作运动、蔑视法庭判令等等，对于政府运作、法治根基肯定会造成破坏，而这些破坏，一旦变成香港新的政治范式，影响将不会是短期的，甚或会造成长期的政治不稳定。

　　社会上越来越多声音，担心旷日持久的占领运动会对香港经济造成深远影响，作为财政司司长，我当然密切注视运动对于经济的冲击，但我对经济的忧虑，还不及我担心运动对香港管治和法治的伤害。经济发展总有高低起跌，过去，香港即使面对经济逆境，仍有能力翻身再起，但高效的政府和社会广泛认同的法治意识一旦破坏了，能否修复、如何修复，谁也说不准。港大法律系陈弘毅教授昨日提醒，目前的内部争斗将把香港带进"自残"的局面，担心香港会由盛转衰，和历史上曾经辉煌一时的城市一样没落。有份参与占领运动的朋友，陈教授的说话绝非危言耸听，恳请你们能以香港未来为念。

罗马不是一天建成，但要摧毁罗马，可能只是一念之差。一座伟大的城市，要靠城市的人民自己去保护、延续。共勉之。

（本文原发表于《香港特别行政区财政司司长——我的网志》，2014 年 10 月 26 日，版权属香港特别行政区政府。收入本书时略有改动。）

香港适应回归祖国的现实了吗

——从社会系统论反思"一国两制"在香港的落实

施永青[*]

中国收回香港的主权后，在香港推行"一国两制"。如果中国政府肯实事求是的话，不难看到，这个尝试并不算完全成功。

《基本法》是一套全新的宪制，要把它加诸香港社会之上，无可避免是有难度的。历史上，一个社会要推行新宪制，要么靠武力压服，要么靠逐步演变。

"英皇制诰"能在香港落实，先得靠炮舰从清廷手上夺取香港的主权与治权，继而用杀头的方法镇压香港原居民的反抗，其后还得不断调整以适应香港的特殊环境。但《基本法》的推行，既没经过法国革命或美国独立式的暴力强行，亦没法

---

[*] 施永青，中原地产和中原集团的两位创办人之一兼董事，免费报纸《am730》创办人。

透过普通法的方式逐步修订，以致问题层出不穷，"占中"只是其中一个例子。

摆在政府面前只有两种选择，一是武力镇压，继续在香港强推《基本法》；另一是因应回归以来出现的新情况，对《基本法》进行修订。从政府的行为去观察，他们选择前者的机会正在增加。然而，从社会系统论的角度来看，单是靠武力镇压，只能收一时之效；一个社会要有平衡稳定的发展，还得看其他四大功能可否顺畅发挥。社会学家塔尔科斯·帕森斯（Talcott Parsons）称这四大功能为 AGIL——Adaptation, Goal Attainment, Integration and Latency。

回归后四大功能都未发挥得很好

帕森斯早期读生物学，他把社会也视作为生命体，是一个复杂性的互适系统，大系统内又有很多既独立又互相牵连的次系统及次次系统，形成一个多维的系统网络（cybernetic）。这些网络的结构可产生上述的四大功能，一是适应功能（Adaptation），二是达标功能（Goal Attainment），三是整合功能（Integration），四是维式功能（Latency）。可惜，回归后这四大功能都未算发挥得很好。

从 Adaptation 的角度去看，香港既然已回归祖国，香港社会应设法适应这个新处境。但香港有相当一部分人却没法调整自己的抗共情绪，倾向对"一国两制"采取不合作的态度，令社会上存在着一股很大的反建制力量。正是这股力量令香港更加难以适应自己的新处境。帕森斯认为社会的适应力对经济发展影响至大，香港近年的竞争力已输给新加坡，与此很有关系。

从 Goal Attainment 的角度去看，香港人以前崇尚个人奋斗，人生不外是搵钱、买楼、结婚、生子，肯努力不难达标；现在有愈来愈多的人，把精力放在社会改革上，那就很难取得满意结果，社会上的怨气因而大增，不容易稳定下来。

从 Integration 的角度来看，司法制度是整合社会内部矛盾的最有效工具，香港在这方面一向做得很好；虽然不时有人危言耸听，说香港的法治已死，但实质上远未有这么严重。到今次"占中"，香港的法治才真的受到挑战，但这只是一时现象。法治仍是香港稳定的主要基石。

从 Latency 的角度而言，帕森斯把它视作是一种潜在的文化力量，它是维护社会模式的主要力量，是一个社会的软件。很明显这副英国人留下的软件，对"一国两制"不但不能起协调作用，甚至可令矛盾激化，令《基本法》更难在香港推行。

抗拒融合以致适应力下降

回归后，香港社会明显出现不适应的情况，原因与上述四大功能的失调有密切的关系，我们先谈谈经济发展方面的情况。

帕森斯认为，一个社会要长期生存并保持平衡，必须能在经济发展上适应环境的变迁，善于利用周边的资源，为社会的成员提供所需的商品与服务。

香港人向来以适应能力强而闻名，但回归后却适应能力大减，甚至有抗拒适应的迹象。原因是今次主权回归，基本上是由外力造成的，而港人自发的内因不足，强摘的瓜不会甜。

回归后，中共容许香港可以继续行资本主义，私有产权亦受到法律的保障，所以民心基本上得以稳定下来。急于移民的人渐少，已移民的亦逐渐重回香港生活。然而，香港人心中的忧虑——中共最终会以他们的一套治港，总是没法放得下。社会上总有批人，以疑共、恐共、仇共的心态，对待中央政府与特区政府的政策；一些专与政府对着干的言行，常被舆论视作有助于维护港人原有的生活方式与传统价值。这种强烈的抗拒情绪，严重影响了港人客观地观察环境的能力，对时空转变的适应能力因而下降。

改革开放后，中国的制造业发展神速，香港的制造业没有条件与内地竞争，只好转而发展服务业，主要是金融服务与专业服务，而服务的对象亦由欧美国家变成中国大陆。然而，香港就有一些人对这种转变感到不舒服，甚至有所抗拒。

他们不想香港的上市公司中大陆公司愈来愈多，不想香港的金融政策迁就内地的需要。他们甚至认为应该恢复制造业，以减少对金融业的依赖。

他们怕内地人来港购物多了，商铺会不愿做港人生意；港人不但买不到楼，连奶粉也买不到。他们认为做大陆生意的人会卖港媚共，不可信赖。

他们反对建高铁，反对新界东北发展，反对机场扩建，原因都是因为担心政府在配合大陆的需要，而非港人的需要。

然而，香港的服务业要发展，怎能不去配合内地的需要？其他国家都抢着想做大陆生意，香港却因抗共情绪而没法利用自己的有利环境。这样发展下去，香港社会的适应能力会下降，经济增长能力会下降，年轻人向上流动的机会亦会减少，他们将很容易就成了反建制力量的生力军。

正是这股抗共情绪，令香港人抗拒融合，无法善用内地的崛起来发展香港的经济。全世界都抢着做生意，但在香港做内地生意，却常要背上道德包袱，被指为卖港媚共。在这种压力下，香港的适应环境、善用资源的能力自然下降。

必须让香港人有一个共同的愿景

我再由 Goal Attainment（达标）的角度，试图解释为何社会失去共同愿景，没法有凝聚力。港英年代，殖民地政府成功地让大多数市民接受了狮子山下同舟共济的精神。这类所谓的共济，其实主要是各自努力，以改善生活质素。殖民地政府并没有引导市民去追求一个更理想的政治制度，因为市民一旦在政治上有所觉醒，一定不会接受殖民地统治。所以，他们在社会上营造一种忌谈政治的气氛。当年，大部分香港人都是缺乏政治诉求的经济动物。

不过，这也难怪香港人，因为当时香港的生产力仍相对落后，大部分人教育水平不高，只能在工厂打工，为口奔驰已耗尽精力，没有闲心争取政治上的诉求。当时，大部分人的目标很简单，就是"少做工夫，多叹世界"。连大学生也只晓得集中力量搞四仔运动——车仔、屋仔、老婆仔、BB仔。港英政府成功地为香港社会界定了目标，并为社会成员提供了一个有机会完成目标的环境，所以社会显得相对稳定。

到英国人知道中国一定会在1997年收回香港后，他不甘心把一个这么容易管治的香港交还中国，派来了一个不一样的港督彭定康，引导香港人要作民主诉求，要追求一个公平、公正、公开的社会，让民主种子有更好的发芽环境。

英国人统治了香港百多年，在英国早有民主后，仍不在香港推行民主，为何突然"转性"？说穿了就是不甘心放弃这个殖民地。既然中共不肯以主权换治权，那就让中共尝尝治港的滋味。彭定康留下一招，叫中共至今仍穷于应付。这招就是民主抗共。

回归后，香港民间在生活目标上出现了严重的分歧。有人继续搞个人奋斗，以改善个人与家庭的经济状况为目标；有人则认为应先改革社会制度，引入民主宪政，否则一切个人的奋斗都没有保障。"占中"后出现的社会分化，基本上就是因为大家想达致的目标不一样。

社会要有平衡持续的发展，必须让成员有一个共同的愿景，否则社会的力量就无法凝聚，甚至会出现内耗。可惜，回归后，特区政府在这方面都不太成功。中央在制订治港政策时，必须看到两个基本事实：（1）香港人的教育水平已提高，会有较强的自我意识；（2）现时社会提供的个人奋斗空间已愈来愈小，很难期望年轻人继续迷头迷脑搞"四仔运动"，而不作政治上的诉求。正确的做法是为香港描绘一个大多数人都愿意去努力的愿景。

"占中"会令法治失去协调与整合功能

Integration（整合）功能的缺失亦会导致严重后果。人类社会是一个复杂系统，大系统内还有很多次系统，这些系统既独立，又牵连；既矛盾，又互适；有时互相促进，有时互相制约。正如一个人，既是社会的成员，又是公司的雇员；既是别人的儿子，又是朋辈中的"大哥"；其言行会同时受所处的不同系统所影响。

这些错综复杂的系统之间不可能没有冲突，为了避免社会因纠纷得不到恰当的处理而分崩离析，社会必须发展出一套整合矛盾的方式，这就需要有司法制度。

按帕森斯的说法，法治的基础是先要界定产权。这样才能避免因争夺资源而产生无休止的冲突。再者，交易亦需要在产权获得界定后才能进行。有交易才有市场，才能透过市场机制进行公平竞争，推动经济发展。

另一方面，社会亦需要为人权下定义，这样，政府才能在有认受性的情况下组成，才能有效地去处理公众事务。此外，社会还需要有一套合乎公义的会议程序，以决定如何汇聚众人的意愿。

有了这些基础之后，社会就可以发展出一整套司法制度，让成员知所行止，令社会的矛盾不会恶化。

英国人为香港留下的，可不只是一套可以依据的律例，而是一整套法治的理念与司法程序。香港的回归能进行得相对平稳，与特区政府基本上原封不动地承继了原有的司法系统有莫大的关系。

回归后，虽有人危言耸听，说香港的法治已死，但世人仍公认香港的法治达国际一流水平，而港人亦可以如常在香港生活与做生意，不觉有失去法治的实质威胁。直到"占中"运动的出现，香港人才真正感受到失去法治的害处。

"占中"运动挑战的可不只是个别"恶法"，而是侵犯了整个法治的根基——产权、人权与政府的执法权。

占领区的物业，地契上列明有 Right of way，但现在占领者却不容停车场的车辆出入。这分明损害了这些物业的产权。现在政府却无法加以维护；法庭出了禁制令，"占中"者却一样藐视。这样发展下去，谁敢在香港置业？

其实，损害产权等同损害人权，因为人权的一项重要内容，就是个人的财产应获保障。此外，人人都应有追求幸福的权利，但现在占领区生意难做，怎会不妨碍别人追求幸福？

"占中"者把自己的行为说成是公民抗命，但公民抗命只是个人行为在道德上的解释，用来拒绝遵守某些个人不认同的法令还讲得通，但绝不可以借此损害他人的产权与人权。

再者，"占中"者现时在争取的是宪政改革，本应获社会上绝大多数人赞同才有条件实施，不宜用占领交通要津的方式去逼其他人就范。如果祭起公民抗命的旗帜就可以为所欲为，只会天下大乱，令法治失去协调与整合作用。

中国文化范式尚未在港确立

Latency（维式）功能在香港回归后尚未确立，英国人留下的西方文化范式对主权转变有排斥。

帕森斯认为，社会系统复杂，矛盾众多，单靠法治不足以完善地处理好这些矛盾；要整合社会的力量，还需要有与社会的政治及经济系统相应的文化意识，在人们的生活取舍中，作出全方位的配合。

意识形态是长期潜移默化的，它不是一蹴即成的，也不会因主权回归而立即改变。帕森斯称这种功能为 Latency，就是因为这种功能是潜伏的，不易察觉，却力量很大，且非常顽固。

英国人能够在香港进行一百多年的殖民统治，并非全靠炮舰与警察，它还引入了西方的宗教信仰、西方的文化艺术、西式的生活习惯与社会时尚，令香港人逐步接受英国人的管治，甚至甘之如饴。

港英政府透过他控制的教育制度，设计课程，决定青少年可以接受到哪类型的信息，以规范他们的思维模式。于成年人而言，港英政府亦设计了一套社会阶梯与职业途径，令想升职改善生活的人、想建立社会地位争取成功的人，都得努力学习英文，适应英式文明。久而久之，香港社会就形成了一整套西式的意识形态，主宰了香港人的价值取向。

幸好回归是在中国改革开放后进行，以及邓小平愿意作出相当多的妥协，否则香港社会原有的 Latency，一定会与主权转变产生更大的冲突。"一国两制"令香港在经济上保持了大部分的 Adaptation 的能力，因为我们可以继续行资本主义与自由市场。在 Goal Attainment 方面，个人奋斗依然受到鼓励，但政治诉求则受到遏抑。幸好法治仍保全得相当好，社会上的非政治性矛盾基本上得到梳理。可是，"占中"使香港人惊觉，法治无法梳理政治矛盾，政府只余政治让步与武力镇压两个选项。

回归后政治矛盾突显的一个重要原因，是英国人留下的Latency与内地的文化意识根本是南辕北辙。表面上内地也在行市场经济，甚至可以说在行资本主义。但西方的资本主义是以个人为基础的，但中式的资本主义却是以国家为主导的，前者崇尚自由，后者依靠威权。前者对后者必然有所排斥。

此之所以回归后特区政府在施政时不容易受到文化界的支持，难以在舆论上占领道德高位，处处举步维艰。以至97后，香港的发展明显没有英治时代那么顺畅。塔尔科特·帕森斯的社会结构功能理论，可对此作出强而有力的解释。

（本文原发表于《am730》，2014年10月28日，10月29日，10月30日，10月31日，11月3日。收入本书时略有改动，题目及小标题为编者所加。）

只有和平、理性和爱才可以化解危机

葛佩帆[*]

香港现时正处于极艰难、极严峻的时刻,"占中"随时会以流血悲剧收场。我极不愿意看到任何人受伤,我相信只有和平、理性和爱才可以解决危机。

支持"占中"也好,反对"占中"也好,其实大家都是一家人,可能大家的理念、价值、政见未必一致,大家对普选的发展步伐不同,但我相信大部分人都是想香港好。这里仍然是我们选择生活的地方,香港始终是我们的家。经常听到人说:"嗌赢咗场交,但输咗个家,为乜呢?"

"占中"到了今日第 19 日,全香港都是输家,再继续下去亦无人会赢。今日香港严重撕裂,夫妻、父母、子女争吵不断,朋友有 unfriend 潮,校园政治化,大家都很有选择性,只

---

[*] 葛佩帆,香港立法会议员,互联网专业协会创办人及会长。

选择喜欢听的话才听，想相信的才去相信。谣言、反映不到真相的短片满天飞，不断宣传仇恨和对立；香港没有了秩序，任何人都可以用堂而皇之的理由而犯法，占领什么都行，香港突然由文明、法治社会变成是非不分、无法无天的地方。

其实，究竟为何要"占中"？学生和一些议员说，要一个更自由、公义、民主的香港，要为理想而战。一开始，我们都被学生的热情感动，庆幸香港的未来有希望。我们也不想阻止他们，也想爱护他们。但事情的发展令人好心痛，大家由支持变为愤怒。我希望大家听听以下市民的心声，大家反思一下：

自由——你有追求理想的自由，难道我没有正常上班糊口的自由？你占领的自由要建筑在我的痛苦之上？我有没有不让你侵犯我正常生活，不同意学生的自由？

公义——追求公义是否要先破坏法治？是否事事由你决定才叫公义呢？地铁出口哪个能开，电车可否行驶跑马地，公务员有没有路上班，司机们能否工作，也要占领人士批准。如何体现公义？要警方保护你非法占领如何算公义？

民主——民主精神是什么？民主并非口号。美国密西根大学哲学教授，卡尔·科恩（Carl Cohen）在《论民主》中指出，建设民主有五项条件，其中一项是"民主心理条件"，包括社会成员气质、和解精神和客观持平态度。请各位"占中"人士抚心自问，是否言行一致？是"客观持平"还是"意气用事漫骂"？想"求同存异"还是"一拍两散"？当黄之锋说和林司长会面的目的，是"质问到片甲不留"，很多市民的心在流血。这样的态度是"做骚"，不是对话。

我支持推动民主发展，但我不相信有所谓国际标准，有完美的制度。普选没有真假，制度就有不同；一国两制全世界都没有。香港和中国的民主路，要靠我们自己在民主精神、法治基础上，摸着石头过河，一步步行出来，一步步改善，欲速则不达。我们不需要其他国家指指点点。

"占中"体现不了自由同公义的理想世界。而民主是：我未必同意你的观点，但我会尊重和捍卫你的言论自由！

但香港的路，我和其他市民都有份，请你们去其他不影响我们生活的地方继续和平表达你的意见，继续好像何俊仁议员所说：交谈、看书、听讲座，没有人会阻止你们。

请你们尊重香港其他市民的诉求，把道路还给我们使用。

我相信外面的学生大部分都和平理性，但事实在集会人士当中有很多人并非学生，他们不断冲击、挑衅警方，讲粗口之外，还会动手动脚，似乎想迫警方以武力清场。晚晚险象环生。他们说没有人可以代表他们，不受指挥。请学生思考一下，想想如何和这批非和平理性的人区分。如何保护自己，避免流血收场。有良心的人请待外面的学生如你的子女，真的爱护他们的人，不会推他们去做英雄，去做无谓的牺牲，会劝他们回家。

这段时间，香港警队受尽屈辱，左右做人难，面对强大压力，极长的工时，仍然保持专业和克制，尽力保卫香港，应该被表扬。

我们不会因为示威人士中有人是黑社会，就说所有集会人士都是黑社会的人，我们亦千万不要因为几个警员的行为而对警方失去信心，香港一直是世界最安全的城市之一，就是因为香港警队一向专业文明。

我对香港的警队很有信心！我和很多市民都会继续支持警方严正执法，有人犯法，无论是警员或是任何人，相信警方也会秉公办理，一视同仁，以最公平公正的方式执法。

我有一位外国记者朋友每日都在各占领区拍摄采访，他跟我说，他亲眼看到示威人士中有好有坏，有好和平的学生，他们会清洁地方、会做回收、懂得环保、会读书。但事实上亦有不少市民是在挑战警方。并不是好像一些议员所说的："全部人都和平理性非暴力，没有暴力行为"。警员有部分好有耐性，骂不还口，打不还手。有些也只是人，会忍不住，被人闹会还口，也想动手，可能被身边同僚阻止住。但他们仍然会保护曾辱骂他的人。他说："这些都是人性吧。全世界的大型示威活动，都会看到人性至好及至坏的一面。"

这两天，音乐人林敏怡和林敏聪发表了一首叫《祝福香港》的歌，有句歌词是"香港你和我的家，请不要由她塌下，好吗？"还有一句是"彼此应该是团结，不要彼此撕裂"以及"将来能必定胜目前"，相信这些歌词都表达到不少人的心声。我们是否一定要对立呢，香港人是否一定要这样下去呢？

好多人都问，这样的局面，怎样收科呢？怎样收场呢？你们担不担心，觉不觉得外面很危险呢？面对香港今日的困局，我希望我们都可以发挥人性至好至善的一面，放下纷争，放下怨恨，一家人，以合法合理的方式，建设一个更美好更民主的香港。

（本文为作者2014年10月16日在香港立法会的发言。题目为编者所加。）

发展 = 给下一代自豪、归属感、幸福

林奋强

　　对年轻人，走出来支持发展是最"唔 cool"的事。最近我幸得 Kevin 加入我的研究队伍，以下想分享他敢说出来的心中话：我跟很多港人一样，喜欢旅行及远足。我还记得第一次使用赤腊角机场时，爸爸说过："这是港英政府留给港人的礼物。"十多年过去，我乘坐的机场巴士因为开通了昂船洲大桥而改道，前往机场的时间缩短了，也想这大桥是前行政长官董建华留下来的礼物。我时常与朋友经中环步行到山顶。行程中会遇到爸爸负责维修的斜坡，不论狂风或暴雨，都极少出现山泥倾泻。建筑工人用血汗建成的高楼傲然耸立两岸，长久守护维港。大范围的郊野公园也管理得井然有序，历久长青。远足之后，有完善的公共交通带我回家，沿途也有全球最快的通讯设施让我计划晚上节目。上一代为我们留下礼物，作为一个九〇后，我们又可以为下一代留下什么呢？

当媒体渲染"香港玩完",而我们又说不出回归后有什么东西值得我们自豪,归属感也会愈来愈弱。不过,客观看,香港做得很好,香港的家庭收入中位数于过去四年上升27%、综援户减少18%、劳动人口创新高。相反欧美的失业率仍然高企,我同届的英国同学断断续续做了三份散工至今仍未找到长工,连"搵两餐"都困难。台湾的2012年实质平均薪金与1997年一样,没有资源让年轻人实现梦想。对比有心振兴经济却没有金钱的地方,港人有资源却选择不发展,是十分可惜的!我住在东区,里面的老字号金记冰室、十三座牛杂、大众粥面店相继结业。香港零售额在过往四年增加80%时,零售空间只增加1%。我们年轻人重视保育及支持小商店,却没有人支持在边境及大屿山建商场,以压抑租金及分散旅客。旅客在过往四年增加83%时,酒店房间只增加15%。什么硬件都不够时,易引发陆港矛盾,但我们年轻人没有发声支持多建商场酒店,让酒店及零售业同学不用远赴上海前海,可以留港发展。难道我们要放弃为下一代争取发展及向上流动的机遇,只留下一个只有噪音及谩骂的香港吗?

近年,媒体充斥着不同过分简单的思维,例如"发展 Vs 保育""发展＝官商勾结""发展＝经济融合＝大陆化＝卖港"等。希望建房屋,尽快上车置业的,是我们年轻人。但每当提及发展,普遍年轻人已先入为主认为"发展是个坏东西",但不发展新界东北、棕地(Brownfield)及填海,如何建屋?现在为发展说句话，都要小心翼翼，免得被同辈攻击。这白色恐怖是阻碍大家上楼的主要原因，所以发展要从大局出发，也要互相迁就。

我有一个香港梦，就是传承上一代人的拼劲，为下一代提供更多硬件及发展机会。既然上一代港人在极贫乏情况下，也能为我们留下充足的人生起步礼物，我们就更应积极接棒，尽用全球少有的经济机遇做大个饼，增加社会上流力及发展机会，为下一代留下一个令人引以自豪、有归属感、幸福的香港。

（本文原发表于《am730》，2014 年 5 月 5 日。）

如何挽狂澜于既倒？

关品方[*]

　　笔者近年很少写政论文章。7月，我提出言者谆谆，听者藐藐的观点，建议慎重评估"占领中环"运动的严重后果。8月，我参与十三学者政改方案，提出在窄缝中寻找出路的想法，希望人大常委定出一个比较宽松的框架。9月，我提出柳暗花明，存乎一心的意见，面对人大常委严苛的规定，认为泛民诸君应该实事求是，冷静思考香港的未来，务实应对。

　　良好愿望落空。如今占领运动，不只中环一带，而已移师政总。"和平与爱"的口号，变得空洞。警方当日希望从速平息事态，过早或过多使用了催泪弹，被过分渲染使用暴力，引致全球触目，上升到外交层面，事态变得不可收拾。如今双方骑虎难下，更大的冲突即将到来。如果处理不善，极有可能发

---

* 关品方，香港大学名誉教授。

展成香港版的"六四事件"或"二二八"事件，那么香港肯定从此沉沦一段较长的日子。

现在有人提出示威非升级对抗不罢休，要特首梁振英下台，要人大常委收回决议，提出香港问题香港解决（即叫中央不要干预），政治问题政治解决（即坚持真普选和公民提名）。如何力挽狂澜，各方均有责任。不然，社会上谣传的所谓敌我矛盾的定性和外国势力的黑手将自我论证，最终如果出现特区政府流血镇压，拘捕异见分子；中央被迫出手，暂停实施"一国两制"，那就万劫不复，夫复何言。本文坦率而陈，不喜勿看。

现时各方都需要理性退却，冷静下来，以平和的态度对话，谋求共识。能否做到，视乎有关人士在这历史转折的关头，有没有智慧和勇气，放下成见，高瞻远瞩，化解这场举世注目的中西方政治制度模式在"一国两制"框架下的世纪大对决。

民主是什么？民主的基础是公平和公义。因此要照顾广大市民的整体的综合长远利益。占领行动要有所节制，才能争取大多数市民的支持。要对话讲理，要尊重法纪。民主不可以是少数人专政，要考虑沉默大多数的意愿。民主更不可以为少数人或少数团体的自身利益服务，例如报刊和政党。

我们怎样看陆港关系？应该清醒地看到，香港的将来出路在内地。内地不是香港的敌人。先不说年轻一代是否有对祖国的认同。我们无需带有民族主义的情绪，纯粹从功利的角度来看，只要扪心自问：内地和香港，究竟谁靠谁？我们不能挖自己赖以生存和发展的墙角，这做法是愚不可及的。我们还要反复认清这样一个确凿的事实，就是直至中英谈判前的140多年以来，英国从来没有给与过香港民主。回归17年来，在民主的进程上，是中央政府逐步对香港人开放政治的参与。我们或许不满意步伐太慢，纵观国内外的政治经济社会环境，理智告诉我们，循序渐进不断往前走才是正解。美国民主制度的改革经历了200多年，欧洲诸国宪政改革历时更长，何况中国背负着几千年的封建帝制沉淀？

为什么近年关系急剧变坏？其深层原因，是内地的迅速崛起，从2008年北京奥运后日益明显。内地的强大，对香港年轻人的直接影响，就是工作职位被抢走，楼价被抢高，孕妇的医院床位被抢订，甚至日用品如奶粉也被抢购。一种反对内地人民因着自由行蜂拥到来购物抬价的情绪，很容易便被别有用心的人钻到空子，被充分利用。他们对中央有对抗心理，向中央挑战，发明"强国人"的叫法，中国越发展，怨气只会越大。如今更以闹事的方法，反法治，进行街头抗争。归根结底，是香港固有的优势，近年已见褪色。我们不努力赶上，反而内敛排外，固步自封。日本和美国近年联手遏制中国的发展，也是由于中国超越日本，成为第二大GDP强国之后的事。大环境的深层原因，是国际的地缘角力，外部势力一贯狙獗，我们身在旋涡之中，要让香港的年轻人知道。

应怎样处理和下一代的关系？明珠有价人无价。对学民思潮和学联里面的年轻人，我们要像爱惜我们自己的子女一样，关顾他们，温柔诚恳，容忍耐性，谆谆善诱，希望他们认清香港本土意识的世界性，明白读懂历史和了解国情的重要性，让他们亲近国家，同时要扩大他们的国际视野，加强英语和普通话的表达沟通能力，引进外国青年政策的先进经验，不放弃每一个基层家庭的年轻成员。大专院校的领导层要肯为天下先，乐意成为意见领袖。笔者相信，尽管目前推动街头抗争的人，行为有点激烈，绝大多数参与占领行动的年轻人有热情和抱负，都不会是坏人。他们中间的绝大多数，最终应该都会有所作为。他们是香港将来的希望所寄。80后和90后的青少年，包括学生和青年在职员工，是移动互联网的新世代。政府应当自我检讨，提升青年政策的质素，改变管治体制，提升管治威信，采取崭新的怀柔模式和他们开明地沟通，更要密切联系他们的家长。中国方面，在香港青年政策上更须紧密配合。

前事不忘，后事之师。回首当年所谓"火红的年代"，不少青年学生受席卷全球的反越战运动影响，更由于国内红卫兵运动的冲击，在七十年代的香港，衍生出反对殖民地彻底奴化教育的浪潮，对建制作出批判的反思。从"极左"的不断革命论及无政府主义到温和的社会改良主义，吸引大批年轻人、特别是大专学生投身各式各样的社会运动，争取中文成为法定语文，发起保卫钓鱼台主权的运动，集会结社、游学办报，不一而足，进而为了寻找民族文化的根源而提出"认识祖国、关心社会"的行动纲领，前后凡10年。不少现时已60出头的当年的大学生或多或少都参加过这段"学潮"，有共同的集体记忆。现在回顾起来，这段历史反映了一个时代递嬗脉搏的跃动，象征了现代公民社会的启蒙。他们争取独立的精神，自由的思想，民主的实践，还有民族的情怀。澎湃的热情，鼓动年轻的雄心。

历史的发展就是如此吊诡。有这样一种说法：30岁以前不向往共产主义的人不足观，30岁以后仍相信共产主义的人不足畏。以当前的世界潮流而言，不管所谓共产主义或民主普世价值的理想所指为何，对年轻人的追求和热忱，社会人士（特别是执政者或当权者）应采包容、谅解及团结的态度，予以引导、开解和启迪，并使之纳入正轨，同时在这个过程中反思当政的容或不足之处。这是人类世代兴替的代谢精髓，也是当代开明政治的人本要求。时代的洪流不断向前。世界的发展、社会的进步，永远是属于年轻一代的。后之视今，亦犹今之视昔。当年的港英政府，一方面虽然煞有介事地列出他们认为要警惕的年轻一代"危险人物"，另一方面仍清醒地理解到，他们本质上是社会的改革先行者，由于社会历练及人生经验不足，对时代发展的趋势有超前赶进的思维，当时或不为世用，但如因势利导，今天反政府、反建制的年轻人，明天可以成为社会的栋梁、国家的领袖。此所以古人有所谓"我劝天公重抖擞，不拘一格降人才"的感慨。对年轻人的"偏激"言论和行为，宜把眼界放长远一点，对他们耐心一点、爱护一点、容忍一点，不可一棍子打死，或过早地断定对错，以至扼杀了社会上新兴的、有可能代表时代前进方向的前瞻力量。

笔者忘不了的，还有当年香港社会对大学生的支持和培养。从七十年代开始对大学生的免息贷款，帮助了多少来自基层的青年人。反过来看，大学生对社会应负有责任，特别是对一般的基层群众和劳苦大众。为政者要不失青年时期的赤子之心，乐见年轻人关心社会和国家大事。

1967 年香港暴动时，有些中学生怀抱一腔爱国热情，无辜被逮入狱，受到不公的对待，至今还未能平反。10 年"文化大革命"的倒行逆施，还有八九民运六四事件，留下历史的伤口。近年还传出国内不少维权人士受到压迫。中国这样一个大国，既古老又年轻，还有很长的一段现代化的路要走。香港的青年人有责任监督国内在人权法治和民主自由方面不足之处。路遥远，让我们一起走。陆港两地不应因着政改的龃龉而疏离，让彼此孤单上路。

香港近年的国民教育有缺失。当局要虚心吸取教训，学习怎样持开放的态度和内地结合，与世界潮流一致起来，让学生明白环球经济和世界公民的大势所趋。与此同时，通识教育不应以民族主义和爱国教育为基础划地为牢，要理解香港的世界性和中国的纽带是互相依存而不是互相排斥。香港从来并非一个可以独立的政治实体。要学会怎样和中央相处，有话好好说。"泛民"的政党应做好榜样。要纠正选修中国历史的错误做法，要正确对待殖民统治和帝国侵略的西方历史。一句话，就是要回顾中国历史，了解香港过去，才能知道世界的现状，才能确立对将来的正确视野；就是香港千万不能去中国化，千万不能搞香港独立运动。如果这样做，将会是绝对错误的政治命题，会害惨了我们的下一代。我们是祖国大家庭的成员，应团结起来共同创造美好的将来。我们都是全球村的成员，彼此邻居共处；世界好，中国才能好。中国好，香港才能好。香港不可能独善其身。那是自欺欺人。

政改如何走下去？笔者衷心希望下一轮咨询启动后，能考虑十三学者提出的提名委员会民主化，加强提名委员普选的元素和特首候选人提名采取名单制度，让提名委员会有机会考虑有泛民背景的，同时符合爱国爱港原则的特首候选人。请中央相信香港人的理性选择，这是唯一的出路。正如陈弘毅教授最近所指出，十三学者提出的方案办法，与人大常委的规定是一致的，符合《基本法》的。何不以此为起点，扭转乾坤，挽狂澜于既倒？

（本文原发表于《明报》，2014 年 10 月 4 日。）

占领之后，香港需要崭新的青年政策

关品方

笔者刚从美加回来。阔别香港才两三周，一看恍似变了个样子。香港不再祥和守法；年轻人的理想诉求，要走到霸占街头，肯定这中间出了纰漏。现在"占中"、学联和学民三个团体临崖勒马，搁置在占领的区域举行广场公投，似有转机。日后政府如能成立多方平台或独立委员会协调政改，僵局或可打破。事实上，眼下学生和青年在打头阵，幕后有错综复杂的政治势力在角力，各激进派别试图借助青年学生达到自己的政治目的，把原本书生气十足的"爱与和平'占中'"的号召扭曲成为破坏法纪的闹剧。现在法治的基础被侵蚀，守法的精神被动摇，如果这场运动最终不能和平收场，将会是一场大灾难，香港极可能从此由盛转衰，沉沦一段颇长的日子，其破坏力远远不止于经济上的损失。

套用邓小平1989年六四事件后的总结，香港这场"雨伞运动"，是国际的大气候和陆港的小气候互为影响之下形成的，就像俗语所谓"天要下雨，娘要嫁人"，早晚要来，避免不了。这场运动是 21 世纪全球一体化、市场环球化和信息普及化三大因素互动造成的，是新一代年轻人对旧意识、旧体制和旧秩序的彻底反叛和抗争。资本主义和市场主义是极度个人自利主义的体制，加上环球金融财经制度向金融资本倾斜的内在缺失，智力和劳力的回报率远低于土地、科技及有形和无形资产的回报率，加上通货膨胀带来资产价格不断上扬，致令年轻一代缺乏向社会上层流动的机会，人浮于事，难于置业，但社会上物质的诱惑就在眼前，感到被富裕阶层剥削，形成仇富心理，因此他们要夺回新一代的话语权。这是大气候。陆港关系，受到东西方不同价值观的碰撞和冲击，155 年英国殖民统治和 17 年回归中国的强烈对比有极大落差，加上中国改革开放以来经济高速成长，香港和内地的经济差距拉近，香港对国家经济贡献的重要性今非昔比。因此，中国崛起的势头愈厉害，香港年轻一代感到委屈，就愈发感到疏离。内地人来港购物、置业、生小孩、就业、读书、旅游、挣钱，来势汹汹，规模令人咋舌，抢去本地人原来就不多的各种机会，而年轻人就首当其冲，特别深有痛感。加上香港政制架构的某些缺失和当年《基本法》制定时对政制发展考虑不周，分区直接选举被少数政客钻了空子，反对派当得容易；以骂政府和骂建制来争得选票，可做永远的反对派，而无需认真地负责任地钻研政策准备要上台执政。这些政治生态，17 年来逐渐变得路人皆知，不少评论都已有深入分析，在这里不再多说。

从这个角度看，这场"雨伞运动"，就是不可避免。与其矛盾累积到一定程度才爆发开来，不如顺水推舟，让它充分暴露之后，彻底解决。从这个角度看，坏事可以变成好事。至于所谓外国势力，网上流传不少消息，不分真假，但国际活动在香港古已有之，或许于今为烈，没有什么奇怪。就如同黑社会势力，全世界到处都有。攻击个别政治人物，要某人下台，号召人们上街支持，甚至集体辞职变相公投，提出要与特区政府以至中央政府直接对话。这一切，在运动中有人浑水摸鱼，在明眼人看来，一目了然。政客在其中抽水，招兵买马，躲在学生和青年背后指挥策划，个别报章热烈鼓动以谋增加销路，各类手法层出不穷，都不难理解，不算新鲜。

寄望于坚持不懈的 80、90 后

问题的关键是，这场运动应如何结束？结束后应从中取得什么教训，要采取什么新的措施对应？这才是我们长远来看要真正关注的问题。能够对这些问题有初步的答案，才能够转过头来，解决当前的紧迫问题。二者是互动的，并不矛盾，更难有先后之分。

现在看来，乱局既成，客观的人们都会承认，在香港，民主真的很难一蹴即至，政制改革当然要循序渐进，一步一步来。2017年普选特首，将会是一大进步。不论8月31日的人大常委会决议有什么不足之处，现在看来定出这框架好像只是一小步，多年后回过头来看，我们会发觉这实在是一大步。对香港的民主选举和对中国的民主宪政，都有重大的历史意义。如果青年学生们能平心静气，所谓见好即收，参与建立一个多方平台（或独立委员会），为2017年的特首普选有关提委会民主化，提委会入闸低门槛化，和提委会出闸名单制这三方面努力争取，尽量扩大民主成分，而且坚持这个多方平台（或独立委员会）要广纳年轻人和学生组织的代表，公开、透明、公平、公正、和平、有序、协商、互动地有商有量，做好政改余下的三部曲，那就给予全港市民、中国人民和全世界人民一个良好的印象，把危机转化为无比的正能量和向良好方向转变的契机，展示香港新一代年轻人和学生的气魄和胸襟，则何事不可为？政客不行。我们为迈向"真普选"铺垫，应寄希望于在这场"雨伞运动"中坚持不懈的80后和90后！

香港的成功得来不易。我们不要让它坏在这一代人的手里。我们绝对不能破坏法治。民主就是互相尊重和彼此包容。这才是我们熟悉的民主社会。怎样漂亮地退场，如何有序地自首，这场运动如何推演下去，为建设民主香港，怎样示范给中央政府和全国人民，如何在国际树立文明形象，这些问题，是占领运动的青年和学生们需要思考的问题。我在这里重申，政客不行，寄希望于在这场运动中坚持不懈的 80 后和 90 后！让我们牢记双赢的立场、大爱的原则、和平的方法、协商的态度。这样才是真正懂得民主真谛的年轻一代新人。

崭新的青年政策

但是，这样还不够。没有一个崭新的青年政策，直面大气候和小气候形成的根本原因，香港的基层、青年和学生都不会接受。新的青年政策要能够实际地分析和解决具体问题。什么是困扰基层、青年和学生的根本问题？这些根本问题，政府怎样才能够较好地解决？有什么针对性的具体措施帮助他们？

笔者人在旅途揪心时，不断深思以上这些问题，还没有想得很清楚。这里简单列出一些政策范畴，包括如下各个方面，例如成立青年事务局，帮助青年创业，大力扶持社会企业，鼓励并赞助青年北上加深对国家的客观了解（笔者说过，香港的出路在内地；我们要维护好这个中华民族大家庭，内地不是我们的敌人），设奖学金和助学金到欧美以及世界各地留学或游学、首次置业可缓付地价、成立民主教室由青年人自主管理、鼓励青年人参政、检讨通识教育、大力扶持创意产业和互联网产业、复兴文艺教育、加强体能训练、鼓励青年人加入纪律部队，如此等等，不一而足。

前特首董建华先生一把年纪，退休多年，现在重出江湖，要成立智囊团，为香港的未来出谋献策，感激之余，希望提醒一句，不能再以旧思维，用旧方法，试图解决新时代下新一代人的问题。我们要多听、多学。听他们怎么说，请他们共同参与。学习新的通讯工具和方式和新一代沟通。

最后，让我们看看梁启超是怎样谈民主的。中国民主何以区别于西方民主呢？西方民主主义之出发点在人权：为要保障人权，所以行法治；为要发展人权，所以行代议制。中国民主主义，其出发点在人性：为要尽性，所以提高人格，培养人治；先筑基础于自治，期收效果于德治、礼治，而法治有以辅之。我们要取长补短，融合东西方的长处。

胡适之说过，一个常态国家，政治的责任在成年人，年轻人的兴趣都在体育、娱乐、结交异性朋友。在非常态的时候，政治不能充分代表民意时，那么干涉政治的责任就落在青年学生身上。笔者学生时期当年也曾做过学联的副会长，因而特别对青年和学生的看法和热情深有认同。

一辈子都在研究民主的美国学者 Robert Dahl 在 85 高龄的时候，写了《论民主》这本小书，为了要给大家一个清楚的定义，让人们讨论民主的时候，有个依据。他指出五种民主基本元素，分别是有效的参与、投票的平等、充分的知情、对议程的最终控制以及成年人的公民资格。有效的参与，是指可以参与和知情，投票的平等则保证票票等值，充分的知情可以确保资讯的流通透明，对议程的最终控制则意味人民可以自己决定什么可以讨论、什么不要讨论，而成年人的公民资格则是主权在民的具体展现。这五点元素，可以说是目前为止对民主最清楚、可操作而且容易理解的操作型定义。那么，要落实大规模的民主，需要利用什么样的制度配合？他提出了六点制度要求：选举产生的官员；自由；公正；经常的选举，表达意见的自由，多种的信息来源；社团的自律自主；以及包容性的公民身份。这六种制度可以确保民主在大规模实施时仍然得以持续，这也是目前世界上主要民主国家都有的或多或少的制度设计。这样的制度，被称做"代议制度"，仅供参考，但不成其为国际标准。香港和中国的民主化的道路，长路漫漫，我们坚持着一起走。所谓即食式的国际标准，原来就是没有的。

（本文原发表于《明报》，2014 年 11 月 5 日。）

为何美国人特别爱国？

赵式芝[*]

早前《"一国两制"在香港特别行政区的实践》白皮书指出，法官必须爱国爱港引起法律界的争议。我这名法律界初哥，日前在机缘巧合之下，有幸和香港终审法院非常任法官、英国最高法院（Supreme Court）院长廖柏嘉勋爵（Lord Neuberger）碰面，交流对于《白皮书》的意见，很值得和大家分享一下。

由于我的法律课程导师和廖柏嘉勋爵相熟，于是神奇地，廖柏嘉勋爵突然出现在课堂，以嘉宾讲师的身份和学生们分享法律知识，我当然不能错过这个千载难逢的机会，问他如何评论法官必须爱国爱港的要求。廖柏嘉勋爵说："当一个法官宣誓就职，他便要宣誓效忠香港特区政府，要以爱国为己任，勇敢地、诚实地维护法治。"

---

* 赵式芝，香港专栏作家。

　　廖柏嘉勋爵还举例英国的法官需要宣誓效忠英女王及国家主权，美国法官要宣誓效忠美国宪法，而香港特区的法官则宣誓效忠中华人民共和国以及香港特别行政区，法官需要以"爱国"作为基础，他认为只是很普及、一般的字眼，并没有什么不妥。就这样，廖柏嘉勋爵立场清楚地、很快地便把我的问题打发掉了。

　　因为香港曾是英国殖民地的文化背景，让我们向来缺乏国家意识，但我相信大部分香港人是爱国的，问题是不少香港人在某程度上不信任中央政府，觉得爱国不等同爱政府，并认为中央政府要求法官爱国，即等同要求法官爱中央政府，因此"爱国"成为敏感话题，同时让人产生抗拒。

　　中国现在同时要处理西藏、台湾和香港问题，英国则更甚，下星期9月18日苏格兰会举行是否脱离英国独立的全民公投，支持和反对方各有论点，对于苏格兰是否应该独立我没什么意见，但令我好奇的是，为何美国有50个州，远至阿拉斯加和夏威夷，却没有哪个州曾要求争取独立？

　　这个问题让我思考了很久。小时候我曾在美国居住，我觉得大部分美国人很爱国，认为爱国就如母爱，是至高无上、毋庸置疑的事情，在美国居住仅半年我就被这种想法感染了，并打从心底里认同美国是世上最伟大的国家。后来回来香港念书、去英国读中学、大学，再去欧洲游历，在行走了大半个地球、见识过很多地方，直至我的思想成熟后，才把这个想法撤除掉。

为何美国人特别爱国？我认为关键是来自人民的自豪感，管理国家就如打造品牌，愈成功的品牌愈多人喜爱。多年来美国在科学、艺术、音乐、运动等各领域都获得出色的成绩，令人民为自己是美国的一份子而感到自豪。宏观些来看，科学、艺术、音乐、运动这些软件，便是让人民团结的力量。

香港在沙士疫情减退之后，旅发局曾做过全球性市场推广计划，推行"我爱香港"运动，但很快便不了了之。现时不少香港家长，只懂得将焦点放在赚钱上，而我们的思想也更接近于国内人，认为金钱便等于成功，在功利的社会风气之下，忽略了人文教育，这其实是在磨灭我们下一代的人性。

（本文原发表于《苹果日报》，2014 年 9 月 13 日。）

寻找那失去了的历史感

——关于教育的一点反思

李焯芬 *

香港自回归以来，偶尔会有些教育团体（或志愿团体）进行青年学生"国民身份认同"的调查研究。结果是有一部分同学认为自己是中国人；另一部分则认为自己同时为中国人及香港人；亦有不少同学认为自己是香港人，不是中国人；而后者的比例似乎有上升的趋势。

这让我想起了多年前在加拿大教书的日子。因为是教工程科目，班上的香港学生不少；当然还有许多其他族裔背景（例如英裔、意大利裔、犹太裔等）的同学。偶尔也曾听闻有其他族裔的同学问香港来的同学：你是中国人吗？（Are you Chinese？）有些香港来的同学会这样回答：不是，我是香港人

* 李焯芬，香港大学土木工程系讲座教授，香港大学专业进修学院院长，香港大学饶宗颐学术馆馆长。曾任香港大学副校长。

(No, I am a Hong Kong person.)。一些其他族裔的同学听后有点诧异，或许因为这些香港同学和他们平日在唐人街见到的中国人看来没有什么差别，语言亦一样。大学每年都办一个多元文化节，由不同族裔背景的同学们表演他们的民歌和民族舞蹈，提供一些富有本民族特色的食品供大家品尝，并用多块展板介绍他们自己的国家或民族的文化历史。你可以从这些展板上图文并茂的资料了解世界许多不同的国家或民族的文化历史、山川风貌和民族风情。你会因此明白为什么犹太人和阿拉伯人（特别是巴勒斯坦人）之间老是冲突不断。你也会因此明白塞尔维亚人和克罗地亚人当年大打出手的理由，尽管他们都是不折不扣的南斯拉夫人。你亦会因此明白库尔德族人长期以来的立国诉求，及亚美尼亚人和土耳其人之间的恩恩怨怨，等等。加拿大是个多种族、多元文化的国家。大学里有来自以上不同族裔背景的同学，他们大都认同自己的民族文化，以自己的文化历史为傲，热衷于利用多元文化节或其他场合介绍自己的文化历史。

假如你期待香港同学也会在这种场合向其他同学介绍中国文化的话，你可能会失望。他们很少会这样做，因为不少香港同学压根儿对中国文化历史了解不深，也没有一份文化传承的意愿或热诚。为什么会这样呢？跟许多香港同学一样，我也是从小在香港长大，在香港接受教育的。长期以来，香港大部分的中学都是英文中学，以英语为主要教学语言。特别是在一些教会办的中学里，你可以不选修中文，改为选修法文、葡萄牙文或其他。风气所及，不少同学对中文科一直不大重视。当年的中学课程里有中史科，但不包括鸦片战争以后的中国近代史。中国地理亦不包括在课程之内；许多同学对中国山川地理的认识，都是来自金庸的武侠小说的。回归后，中史课再不是高中的必修科了，选修的同学甚少；中史科越来越式微。

国史科在外国的命运又如何呢？我的两个孩子都是在加拿大出生和长大的。他们的加拿大历史课（Canadian History）一直念到高中，是必修科，包括近代史和现代史。加拿大文学、地理等科目的课时也不少。每天早上上课前，他们要唱加拿大国歌。我有不少亲友在美国，他们的子女念美国史也是念到高中，也是必修科。每天早上上课前，除了唱美国国歌外，还要向美国宣誓效忠。美国人和加拿大人都以自己的国家为荣，这不是无缘无故的。他们以国史和国情教育作为基础教育的一个主要元素。世界上大部分的国家都是这样做的；尽管不叫国民教育，但实际上就是他们的国民教育。香港曾经历过长时期的殖民地统治，不重视中国历史文化的教育和传承，是不难理解的。这种情况在回归后没有什么改善，似乎还每况愈下，那就难怪我们今天的年轻人（包括在学的及早已毕业的同学们）大都没有什么历史感，更遑论中国心了。许多同学对中国近代史并不了解；有些同学是看了电影《十月围城》后，才知道有孙中山这个历史人物。近年还有人提倡本土主义及香港民族自决论，在年轻人中也有一定的市场，反映了这份早已失去的历史感，及文化传承中出现的断层。展望将来，希望我们能多培养有历史感，有民族文化之根，兼具全球视野的现代学生；关键始终在教育。

历史感是一种让人鉴古而知今的智慧，而文化的熏陶亦有助于品德情操的培育。今时今日的教育偏重于知识的教育；人的教育则着墨甚少。文化历史的教育，应有助解决香港目前的困局，避免社会的分化和撕裂。

日前有人曾指出：近年参加"反对迁拆皇后码头"、"反高铁"、"反对东北区发展"乃至"占领行动"等社运或抗争活动的人，有许多并不是学生，而是对现实非常不满的"愤青"。这批"愤青"之中，无疑包括了一些"边青"和"废青"，但也有不少教育水平较高、念过大学的年轻人。"愤青"的现象不独香港才有，美欧国家（特别是南欧）也很普遍，是随着教育（特别是高等教育）的普及而产生的。上世纪60年代末，当我念大学时，全港大学生的数目大约有2000左右。时至今日，香港有10多万的大学生。当年由于大学毕业生的数量少，找工作时面对的竞争也小，更重要的是向上流动性（即升职的机会）也较高。时至今日，大学毕业生多了，找工作或申请升职时所面对的竞争大多了，造成向上流动性的大幅下滑。许多大学毕业生的月薪只略高于10000港元。如果自己搬出来住要租房的话，房租可去掉了月薪的一半。置业成了遥不可及的事。往前看，升职的机会也很渺茫，因为排在前面的人实在太多了。有些年轻人因此对前途感到灰暗，没有希望，很失落。这种现象也出现于其他国家。以中国大陆为例，大学生的数目在一代人之间由数十万剧增至 3000 万。内地每年大学毕业生的数目逾 600 万，其中只有六成多找到工作。去年，内地教育部门决定把 600 余家大学逐步改变成聚焦于专业培训及职业训练的大学，以利毕业生就业。欧洲许多国家的大学不收学费，升读大学不难，但毕业后找工作则是另一回事。有些南欧国家（如西班牙、希腊）的年轻人失业率长期高企，高达 30% 至 40%。也有些大学毕业生靠社会福利金（即香港的综援，或失业救济金）过活。在这种环境下，不难理解有些年轻人会变成"愤青"。平心而论，单从年轻人就业机会的角度来看，香港已不算太差了。惟一个社会要往前走，应该设法予年轻人以希望，与及未来发展的空间。香港社会对这个问题也十分重视和关切。香港特区政府的策略发展委员会曾就此作过深入讨论，以便订出有实效的解决方法和政策。不久前，董建华先生在"团结香港基金会"成立大会上，亦特别强调了这个问题的重要性。我们衷心希望假以时日，"愤青"将会变成一个历史的名词。

最后，也应该指出，据笔者在校园多年所见，"愤青"在当代大学生中的比例其实并不高。绝大多数的同学都是很理性务实的。他们明白今时今日要面临激烈的竞争，因此都很努力，参与社运或"占领行动"的学生数目其实比例也不高。学校里亦没有因"罢课"而取消过一堂课。校园里的走道上依然熙来攘往；学生餐厅依然人头涌涌，用餐时间内难以找到位子。事实上，大多数同学现时都想选修专业或商科，反映了一个十分现实的态度。

（本文作于 2014 年 11 月。）

附录 1

香港政改及"占中"大事记

1984 年 12 月，中英两国政府签署《中英联合声明》。

《声明》指出：香港地区（即香港岛、九龙及新界）是中国领土，英国政府将于 1997 年 7 月 1 日将其交还予中华人民共和国，中国政府同时恢复对香港行使主权。中华人民共和国将以《基本法》确立香港为特别行政区，并在"一国两制"的原则下，确保香港继续维持资本主义制度和生活方式"五十年不变"。

另外，根据中华人民共和国宪法第三十一条的规定，中国政府在对香港恢复行使主权时，设立香港特别行政区，并按照"一个国家，两种制度"的方针，不在香港实行社会主义的制度和政策。

1990 年 4 月，公布《中华人民共和国香港特别行政区基本法》。

《基本法》由中华人民共和国第七届全国人民代表大会第三次会议于 1990 年 4 月 4 日通过，自 1997 年 7 月 1 日起实施。

《基本法》规定，"香港特别行政区是中华人民共和国的一个享有高度自治权的地方行政区域，直辖于中央人民政府。""全国人民代表大会授权香港特别行政区依照本法的规定实行高度自治，享有行政管理权、立法权、独立的司法权和终审权。""香港特别行政区行政长官依照本法的规定对中央人民政府和香港特别行政区负责。""香港特别行政区行政长官在当地通过选举或协商产生，由中央人民政府任命。行政长官的产生办法根据香港特别行政区的实际情况和循序渐进的原则而规定，最终达至由一个有广泛代表性的提名委员会按民主程序提名后普选产生的目标。""香港特别行政区立法会由选举产生。立法会的产生办法根据香港特别行政区的实际情况和循序渐进的原则而规定，最终达至全部议员由普选产生的目标。"

1997 年 7 月 1 日，中国政府恢复对香港行使主权，香港特别行政区成立。

董建华宣誓就任第一任香港特区行政长官。

2007 年 12 月 29 日，全国人大常委会明确香港普选时间表。

第十届全国人民代表大会常务委员会第三十一次会议通过《关于香港特别行政区 2012 年行政长官和立法会产生办法及有关普选问题的决定》："2012 年香港特别行政区第四任行政长官的具体产生办法和第五届立法会的具体产生办法可以作出适当修改；2017 年香港特别行政区第五任行政长官的选举可以实行由普选产生的办法；在行政长官由普选产生以后，香港特别行政区立法会的选举可以实行全部议员由普选产生的办法。""根据香港基本法第四十五条的规定，在香港特别行政区行政长官实行普选产生的办法时，须组成一个有广泛代表性的提名委员会。提名委员会可参照香港基本法附件一有关选举委员会的现行规定组成。提名委员会须按照民主程序提名产生若干名行政长官候选人，由香港特别行政区全体合资格选民普选产生行政长官人选，报中央人民政府任命"。

2010 年 6 月 24 日，香港特区立法会表决通过了 2012 年行政长官产生办法修订议案。

25 日，又表决通过关于 2012 年立法会产生办法的修订议案。

2012 年 3 月 25 日，梁振英当选香港特区第四任行政长官。

7 月 1 日，梁振英正式就职。

2013 年 1 月 16 日，戴耀廷发表文章，提出"占领中环"的主张。

戴耀廷是香港大学法律系副教授，其文章发表在香港《信报》。

3 月 27 日，戴耀廷、陈健民及牧师朱耀明又发表"让爱与和平占领中环"信念书，倡议公民抗命，要求双普选。商界及建制派则批评他们扰乱社会秩序和挑战法治精神，传媒人周融及多名学者、工商及专业人士后成立"帮港出声"，发动市民抵制"占中"。

2013 年 12 月 4 日，香港特区政府启动政改首阶段咨询。

政务司司长林郑月娥与律政司司长袁国强及政制及内地事务局局长谭志源组成"政改咨询专责小组"，收集各界意见。

2014 年

6 月 10 日，中国国务院发表《"一国两制"在香港特别行政区的实践》白皮书。

"白皮书"重申，"两制"从属于"一国"，高度自治下香港享有多少权力，"在于中央授予多少权力"；"一国两制"中的一国与两制并非平等，一国是前提，两制为从属；中央对港拥有全面管治权，香港只有地方事务管理权。强调要坚持以爱国者为主体的"港人治港"，"特首须爱国爱港"，"爱国是治港者的基本政治要求"。"要警惕外部势力利用香港干预中国内政"。

7月1日，民间人权阵线举行七一大游行。

民阵抗议国务院新闻办发表的《"一国两制"在香港特别行政区的实践》白皮书，同时亦争取2017年行政长官选举要有公民提名。学联及学民思潮于游行结束后在中环遮打道预演"占领中环"。

7月15日，行政长官梁振英向全国人大常委会提交政改咨询报告，启动政改首部曲。

报告指出，香港社会普遍认同要在基本法和人大决定上落实普选特首，提名委员会的提名权不应被削弱，不少香港市民支持公民提名，而特首人选应该爱国爱港。2016年的立法会选举办法，报告称毋须修改。

7月19日—8月17日，"保和平　保普选　反暴力　反占中"大联盟开始为期一个月的收集签名行动，反对占领中环，共收集街站及网上签名超过150万个。

7 月 22 日，香港报章报导黎智英两年捐出四千万予泛民政党。

有媒体更指黎智英勾结外国势力。黎智英在网站承认，曾经向多个泛民团体捐款，但否认受外国势力资助。

8 月 17 日，港岛举行反占中大游行，大会估计 19 万人参与。

8 月 31 日，全国人大常委会全票通过关于香港普选特首及 2016 年立法会选举产生办法的决定。

《决定》列明从 2017 年开始，香港行政长官选举可以实行普选产生的办法。普选时需组成一个有广泛代表性的提名委员会，提委会按民主程序提名产生 2—3 名候选人，每名候选人均须获得提委会半数以上委员的支持。有反对派人士认为《决定》不符合所谓"国际标准"，扬言否决。"占中"发起人戴耀廷直言对话之路已经走尽，会联同不同政党、学界及民间团体推动游行及罢课抗议，声言香港进入"公民抗命时代"。

9 月 22 日，香港学联发起的 25 间大专院校罢课正式开始。

首日于香港中文大学百万大道举行。23 日，移师金钟添马公园，围堵特首办，要求特首梁振英当面回应学界诉求。声称若政府没有回应，会将行动升级。

9 月 26 日，香港学生在特区政府前的罢课示威升级。

100 多名示威者当天晚间冲入政府总部东翼对面广场。警方使用了胡椒喷雾剂，示威者则用雨伞作挡。

9 月 28 日，戴耀廷于凌晨宣布，正式启动"占领中环"运动。

反对由全国人大所确定的 2017 年香港特首选举候选人提名方案，主张重启政改咨询。香港市中心地带部分瘫痪，警方在驱散抗议者的过程中，罕见使用了催泪弹。不少参加集会的市民和学生，对戴耀廷宣布启动"占中"有不同看法，认为学生本来是罢课，但集会变调，感觉被骑劫。

9 月 29 日，铜锣湾、旺角部分地区被示威者占领。

铜锣湾示威区在崇光百货对出的轩尼诗道，旺角示威区则在弥敦道及亚皆老街交界、汇丰银行旺角分行附近。

10 月 1 日，有示威人士聚集尖沙咀广东道，霸占道路。

示威者以铁马、巴士站牌、垃圾筒堵塞车路，两旁的店铺需要暂停营业。

10 月 2 日午夜，行政长官梁振英召开记者会，宣布委派政务司司长林郑月娥与学联代表见面讨论政改。

10 月 3 日至 4 日，旺角、铜锣湾两处连续发生"占中"与反"占中"人士冲突。

10 月 9 日，政务司司长林郑月娥召开记者会，宣布搁置与学联原定安排于翌日举行的对话。

林郑表示，由于学界等团体公布新一轮不合作行动，重提要求撤回全国人大常委会"8·31"决定及争取"公民提名"，对话基础已被动摇，令会面不可能有建设性。

10 月 20 日，香港高等法院颁布临时禁制令，要求任何人不得占领旺角一带道路。

两个的士团体及潮联公共小巴公司上月在高等法院申请延长旺角占领区的临时禁制令，禁止示威者堵塞弥敦道及亚皆老街一带马路。同样申请禁制令的中信大厦则认为，出入口受阻，构成风险。占领区抗辩人表示，三个占领区的人会继续留守，不会撤走。

10 月 21 日，特区政府与学生代表展开对话。

学生代表批评港府提供给人大的政改咨询报告未能反映民意，并坚持"公民提名"特首候选人的要求。而政府代表作出必要解释后，要求学生接受现有政改方案，同时指责占领运动出现暴力倾向。港府亦同意向国务院港澳办如实提交香港民情报告。学联代表认为政府没有真正回应市民及学生的诉求，决定继续占领行动。

10月25日—11月2日，反"占中"大联盟发起支持警方"还路于民　恢复秩序　维护法治"签名大行动。

大联盟称于街站及网上收集到超过183万个签名。

11月19日凌晨，一批示威者冲击香港立法会大楼。

示威者声称要阻止网络23条审议，他们用铁马及砖头毁坏玻璃门及外墙。大批警员到场制止，双方冲突。事件中有三名警员受伤，拘捕六人。警方、政府及议会各党派强烈谴责暴力行为。

11月25日，香港警方协助法庭执达主任开始清除旺角占领区障碍物。

10多名香港法庭执达主任和代表潮联公共小巴公司的律师到达旺角亚皆老街，向在场人士宣读禁制令内容，并采取行动移除障碍物。过程中，非法"占领"人士曾一度与警方和法庭执达主任对峙。有部分示威者被警方逮捕。截至下午4时左右，旺角亚皆老街部分车道恢复通车。至27日，主要道路线终于打通，商铺重新开张。但警方重申，旺角仍是高风险地区，呼吁市民勿到旺角聚集及流连。

11 月 30 日晚，学联及学民思潮将"占中"暴力升级，发动示威者包围及冲击特区政府总部，与警方发生激烈冲突，数十位警员和示威者受伤。

12 月 1 日，香港高等法院颁布新的临时禁制令，禁止"占中"者霸占解放军驻港部队总部至香港大会堂对出的相关马路。

高等法院同时授权警方在执达吏求助时，有权拘捕阻挠执行禁制令的人士。

12 月 1 日下午，学联秘书长承认"占中"示威及围攻政总行动失败，暂无意将行动再升级。

12 月 3 日，"占中"发起人戴耀廷、陈健民、朱耀明到香港警署自首，承认触犯参与未经批准的公众集结罪。

戴耀廷等同时呼吁示威学生撤离，但学联和学民思潮坚持不会退场，多名反对派政党的立法会议员也拒绝跟随自首，并批评戴耀廷等人出卖和背叛"占中"。

与戴耀廷等一起自首的还有天主教香港前主教陈日君等。

12 月 11 日，香港警方协助法庭执达主任，在中环、金钟一带执行高等法院颁布的禁制令，移除"占领区"障碍物，重

新开通道路。

此前，香港警务处已于 9 日晚间宣布将开始有关行动。香港特区政府多名高官也再次呼吁参与占领活动的示威人士尽快撤离相关"占领区"。

附录 2

APPENDIX

记者观察："占中"背后
"看不见的第二战线"

傅艺明　李佳佳 *

"一些成年人、老人站到了学生前面，告诉他们'这个可以做、那个不可以、应该这样做、目标应该是那样'，组织部署如此严密快速，大家都很愕然。"非法"占中"发酵一个月有余，全国港澳研究会会长陈佐洱曾经的判断，可谓一语中的。

"占中"开始之时，非法占领区内便流传着一本由直接策动者戴耀廷等操刀的"抗命手册"。18页的手册中包含了"理念""法律须知""装备"等多个方面，戴耀廷等甚至亲自在集

---

* 傅艺明、李佳佳，均为通讯社记者。

会中站台，宣讲其中内容。

不过，当"占中"演变为破坏交通、无视司法的长期非法行为，按照旺角占领区内一名秦姓占领者所说，"小册子的内容已经无法提供很具体的指导了"。至此，行动幕后的"主脑"们方才逐渐浮出水面，构成了"占中"背后"看不见的第二战线"。

现有证据已足以指向"占中"的"幕前"策划者一直不断寻求来自"幕后"第三方的支援。香港《文汇报》此前引述相关文章称，在香港反对派提出"真普选"之前，这一词语就曾经出现在了美国国际民主研究院（NDI）的网站上。NDI是美国国家民主基金会（NED）的"核心受让方"。

此后，反对派组成"真普选联盟"，更以争取"真普选"作为在基本法外另搞一套的论述，"显然，这都是NDI的教路以至指令所致"。

而据香港《东方日报》的消息称，NED还直接与"占中三子"之一的陈健民保持联系，包括有通讯指陈所属的研究中心在内地为NED办训练课程，以及去年1月陈在中环约见来港的一名NED成员等。

而"占中"的"幕后首脑"们则在不断提出策略及方式的建议。据英国广播公司（BBC）报道，"占中"相关计划早在近两年前就已经秘密制定好，组织者并对香港示威参与者进行专门培训，指导各种抗争策略，受训者逾千人。

策略之一是掌握重要时间节点。民运人士杨建利则自称"差不多每隔一小时为香港的示威者提意见"。他在一篇公开发表的文章中表示，应呼吁各国政府、议会、学界、媒体关注当前事态，并"争取促成几个重要国家的领导人在香港政府于对话中无诚意表现"的情况下，杯葛 APEC 会议。

策略之二则是动摇特区政府威信。在"占中"期间，突爆特首梁振英涉嫌收受澳洲企业 UGL 约 5000 万元新闻的澳洲记者加诺特亲临金钟占领区，并与李柱铭、陈健民等人见面。有学者表示，尽管从证据来看，该新闻无法证明梁担任特首后存在不法行为，不过在敏感时期，报道所能起到的动摇权威的作用则是显而易见的。

策略之三是利用社交网络媒体。《评台》、852 邮报以及香港独立媒体是近年来在港火速崛起的网络媒体。他们通过刊登颇具鼓动性的政论文章，利用网络媒体"免费"、便于互动的既有优势，极力迎合年轻人追逐自我意识觉醒的诉求，并由此培养了一大部分拥趸。

有的网络媒体对外虽自诩为博客与互动新媒体平台，实则由资深媒体高管牢牢掌控，在非法"占中"事件持续期间，他们抓住年轻人猎奇的心态，以爆料、日记等形式，接连刊登如《梁振英只想清场不想对话》这样的文章，有人感叹：一个由深谙新闻炒作的媒体大佬在幕后操刀的社交媒体早已背离了自发、分享、沟通的初衷，所言所语究竟意欲何为？

香港的非法"占中"事件持续已有月余，经过不断发酵，原来身居"幕后"，行事不欲为人所知的各色人物也似大浪淘沙般渐渐浮出水面。随着"占中"人士所倡导的"勿忘初衷"渐成空谈，随着"占中"违法事件日益偏离理性诉求的合法轨道，越来越多的香港人也开始反思：究竟是谁在导演这场戏？

（本文来源为中国新闻社，2014 年 10 月 30 日。）

附录 3

APPENDIX

十问罢课为什么？

谢晓虹 *

今天，我相信用劝喻的方式去叫同学们不要参与罢课是没有用的，因为青年人的特质是，你越叫我不要做，我就越要做，而且偏要做。身处在这个年代，其实同学们有理想有激情关心社会绝非坏事，但关键是，同学们需要清楚地知道，自己所做的任何选择，将来都要自己承担后果，要了解及接受自己需要付出的代价。为此，我提出"十问罢课为什么？"，希望各位学子在行动之前，想清楚罢课到底为什么。

---

* 谢晓虹，香港中文大学中文系研究生，香港学生发展委员会主席。

一、发起罢课到底为了什么？

学联提出罢课是希望重新凝聚群众力量，推动港人反思自身命运，是年轻一代对港人的呼唤。他们希望藉着学界的力量，发起一波又一波的不合作运动，逼使人大常委对决定作出修改。但想深一层，罢课真的可以逼使中央改变决定吗？罢课对整个政改讨论推进有实质性的作用吗？不上课对谁的影响最大？是学生还是政府？除了罢课难道真没有其他表达意见的方式？罢课此手段是否真的能做到凝聚群众力量？

二、罢课想达至的目标是否现实？

学联提出罢课四大诉求：一，确立公民提名权为 2017 年的行政长官选举提名方法；二，展开立法会改革，废除立法会所有功能组别议席；三，人大常委向港人郑重道歉，并撤回就本港政改的不义决议；四，梁振英、林郑月娥、袁国强及谭志源等主事政改的问责官员应当引咎辞职。理想归理想，口号喊得再响亮，再漂亮动听，也总有一天要落地回归现实。目标决定行动能否成功。罢课目标看似鲜明但实情虚幻难以实现。如果真的以此为目标，那么相信罢课一年、五年、十年，都难以成功。

三、罢课到底要持续多久？

至今我们很少听见参与罢课人数多少才算成功，或者，大家心中都有疑问，罢课一周到底是否有效？是的，通常听到的答案是：参与人数多少并不重要，重要的是唤醒群众对香港命运的反思。但想深一层，如果不为行动设定一个成功的指标，很多时候都会被激情及群众压力影响而一发不可收拾，到时候出现任何意外都是大家不愿看见的。再者，如果真的要罢，一周的时间能起到什么效果？如果根据学联所说，罢课只是第一波，那么这场所谓的抗争运动到底要持续多久？

四、选择在此时罢课的决定是否明智？

现时政府连第二轮咨询的方案都还没出台，就以罢课行动与政府和人大常委"摊牌"，那么以后是否政府有任何动作都以罢课去表示学生的不满？如此学不成学，校不成校，动辄以罢课手段向政府施压，是否明智的决定？

五、罢课是否必然合理？此次罢课会给香港的民主进程带来什么后果？

学生应该有理想，也应该为抓住自己的理想而奋斗。但是不是无论什么情况，都采取走出马路激烈的抗争方式？历经那么多年之后，香港一人一票的普选梦想眼看就触手可及，现在人大定出了普选的原则，特区政府的普选方案尚未出台，大家就已经用抗争的激烈方式去否定一切，这可能会把香港的普选梦打碎，香港的民主进程会因此而原地踏步，难道这就是我们的理想？

六、罢课是抗命，读书就等于认命？选择罢课就理直气壮，不认同罢课却只能埋藏心底？

提倡罢课的学生高举为民主为公义，但实情大学生"走堂"情况常见到不得了，罢课只是让某些同学可以名正言顺的"走堂"。老实说，大学生不上课见惯不怪，我们尊重学生选择罢课的权利，但也请同学尊重希望上课之同学的权利。认同罢课，似乎就是政治正确，不认同罢课，似乎就是政治不正确。因为巨大的舆论及朋辈压力，很多中学生连自己的心底话都不敢表达出来。沉默不出声就会"被表态"，"被支持罢课"，这种无声的压力到底是否对中学生公平？

七、到底什么是学生领袖应有的作为？

作为一名有智慧的学生领袖，我们是否应该思考，单单高举反对及抗争的旗帜对解决问题有帮助吗？我们是运用智慧和学识去激化矛盾，还是运用智慧和学识去凝聚大多数市民的共识，去寻求解决现时困局的方法？有勇还须有谋，如何求大同，存小异，也是一种智慧。

八、到底我们想要一个怎样的校园？

学校是一个让我们明辨是非追求真理的神圣地方，我们需要一个清静的环境让学生思考未来和聆听自己心声的地方。学生需要一张安静的书桌，请还我们一张安静的书桌！

九、有多少中学生清楚了解罢课理念？

中学阶段还在接受基础教育，理应接收不同观点，客观分析利弊，若在此时只单一宣传罢课的理想甚至企图模糊罢课的弊端，难道对中学生公平吗？此外，黄之锋、周庭同学现已贵为大学生，参与大专生罢课也算合情理，但何须鼓动中学生参与罢课？一众中学生还期盼着考上大学继续追寻梦想，难道学民忍心断送学生的大学梦？

十、最后，到底谁为罢课的学生"埋单"？是学生自己？政府？还是整个香港社会呢？

（本文作于 2014 年 9 月。）